Gisela Walter

FEUER

Die Elemente im Kindergartenalltag

Gisela Walter

FEUER

Die Elemente im Kindergartenalltag

HERDER

FREIBURG · BASEL · WIEN

„Die Elemente im Kindergartenalltag"
von Gisela Walter in 4 Bänden

WASSER
(Bestell-Nr. 26723)

LUFT
(Bestell-Nr. 26722)

ERDE
(Bestell-Nr. 26721)

FEUER
(Bestell-Nr. 26724)

Gedruckt auf umweltfreundlichem,
chlorfrei gebleichtem Papier

9. Auflage

Umschlaggestaltung: Joseph Pölzelbauer, Freiburg
Umschlagfoto: Velber Verlag, Valeska Schneider-Finke
Textgrafik: Hans-Dieter Sumpf
Notengrafik: Herbert Ring

www.herder.de
Herstellung: fgb · freiburger graphische betriebe 2002
www.fgb.de
ISBN 3-451-26724-1

Erlebniswelt Feuer

Feuer im Kindergarten – das ist wirklich ein „heißes" Thema. Doch wie oft zünden Sie mit den Kindern eine Kerze zum Geburtstag an, bauen für das Kinderfest ein Grillfeuer auf oder backen mit den Kindern in der Küche einen Kuchen? Beim Händewaschen drehen die Kinder den Heißwasserhahn auf, wenn es kalt wird, schalten Sie die Heizung ein, und wenn es dunkel wird, knipsen Sie die Deckenbeleuchtung an. Das alles hat mit Feuer zu tun!
Und welche eigenen Erfahrungen machen die Kinder mit dem Feuer? Da gibt es die ängstlichen Kinder, die in Panik geraten, wenn ein Streichholz in ihrer Hand aufflammt. Andere wiederum spielen unbekümmert mit einem Feuerzeug und verbrennen interessiert ihr Malpapier.
Wie können die Kinder lernen und üben, sicher und gefahrlos mit dem Feuer umzugehen? Wie also kann Feuer ein Thema für die praktische Arbeit im Kindergarten werden?
Dieser 4. Band der Reihe „Die Elemente im Kindergarten" gibt Ihnen viele Ideen und Anregungen, wie Sie Kindern notwendiges Wissen und interessante Erfahrungen zusammen mit spannenden Erlebnissen vermitteln können, damit sie verantwortungsbewußt mit dem Element der Natur, dem Feuer, leben lernen.

Gisela Walter

Inhalt

1. Kapitel
Erlebniswelt Feuer 10

Eine kleine Flamme 12
Die Geburtstagskerze
Andi hat Angst
Anzünden – Ausblasen
So geht es auch

Kleines Kerzenfeuer 14
Kerzenflamme
Flammenspiel
Feuer und Wind

Eine richtige Feuerstelle 16
Die Feuerstelle ausgraben
Feuerholz aufschichten
Das Feuer anzünden
Das Feuer beobachten
Feuerwörter

Feuerfarben 18
Feuriges Rot
Feuerbilder malen
Mit Malfarben
Mit bunten Papieren
Flackerndes Feuerbild
Mit gefärbter Naturwolle

Feuertanz 20
Wie sich die Flammen bewegen
Feuerkostüm
Die Tanzbewegung
Feuertanz-Geschichte

Feuermusik 22
Verträumte Stille
Das Feuer hören
Feuertöne
Feuer-Klangspiele
Feuer-Musik-Spiel

Feuerfee und Flammenkobold 24

Es raucht 26
Rauchschlangen in der Luft
Rauchwörter
Was war das?
Vorsicht!
Feuerholz riechen
Räucherkerzen
Räuchermännchen

Ruß und Kohle 28
Das ist Ruß
Ruß-Zauberei
Rußige Raben
Das ist Kohle
Kohlestifte zum Zeichnen
Schwarze Kunst
Zeichenkohle selbstgemacht

Feuer! Feuer! 30
Nur keine Panik!
Sicherheit
Hilfe holen!
Die Feuerwehr rufen
Erste Hilfe

Die Feuerwehr 32
Tatü-Tata!
Aus dem Weg!
Verkehrserziehung auf dem Tisch
Ein Feuerwehrmann

Brennen und Löschen 34
Woher das Interesse?
Lernen statt Verbieten
Was brennt?
Wie löschen?

Die Erde spuckt Feuer. 36
Ansteckende Neugierde
Der Vulkan
Und was passiert dann?
Ein sprühender Vulkan im Sandkasten

Der kleine, grüne,
rotgetupfte Feuerdrache 38
Eine Phantasiegeschichte
mit vielen Fortsetzungen
Fortsetzung der Geschichte

Feuerwerk und Leuchtrakete 40
Feuerblumen am Nachthimmel
Das Feuerwerk festhalten
Feuerkunstwerk
Leuchtrakete

Ein Feuerfest im Kindergarten 42
Das Programm
Feuerbowle
Vulkan-Kekse
Feuerfest-Spiele

Das Feuerlied 44
Lied

2. Kapitel
Wärme und Hitze 46

Warm und heiß 48
Warm, wärmer, heiß!
Feuer erwärmt
Kerzenwärme
Feuerhitze

Feuerstellen 50
Unvergeßliches Abenteuer
Gewußt wie!
Einen Herd aufbauen
Auf die Glut kommt es an!

Braten, Backen und Kochen 52
Würstchen
Selbstgemachtes Ketchup
Stockbrot
Gemüsesuppe
Gebackene Bananen

Der Küchenherd 54
Früher
Heute
Wie funktioniert der Küchenherd?
Elektroherd

Wo kommt die Wärme her? 56
Auf Entdeckungsreise
Lernziel: Vorsicht und Sicherheit
Im Keller
Der Kamin
Wenn der Kaminfeger kommt

Brennstoffe 58
Holz
Holzkohle
Kohle
Erdöl
Erdgas

Und wie wird daraus Strom? 60
Mit Feuer und Wasserdampf
Ein Fahrrad-Experiment

Feuer, Wasser und Luft 62
Dampfboot
Feuerkarussell

Die großen Brennöfen 64
Backhaus
Bäckerei
Töpferei
Schmelzöfen
Gießerei
Glashütten
Wachs gießen

3. Kapitel
Licht und Schatten 66

Ich und mein Schatten 68
Mein Schatten gehört zu mir
Den Schatten entdecken
Schatten-Zwilling
Schatten-Phantasiebilder
Ein Bild vom Schattenbild

Das Schattenkind 70
Spiellied

Schattenbilderspiele 72
Das tut meinem Schatten weh!
Nicht drauftreten!
Schattenjäger
Schattenformen

Schattenlinien 74
Schattentheater der Natur
Schatten-Versteckspiel
Das gibt's doch nicht!
Schattenzirkus

Der Schatten wandert 76
Eine spannende Entdeckung
Des Rätsels Lösung
Eine Sonnenuhr

Hell und Dunkel 78
Lichtdetektive sind unterwegs
Lichtquellen
Glühbirnen
Leuchtstoffröhren

Spaß mit der Taschenlampe 80
Wandernder Lichtpunkt
Leuchtbilder
Farbenspiele
Um die Ecke leuchten
Woher kommt das Licht?

Kleines Schattentheater 82
Selbermachen
Wandtheater
Taschentuchtheater
Papiertheater

Großes Schattenspiel 84
Die Bühne
Die Beleuchtung
Das Spiel
Erste Spiele

Schatten-Schau-Spiele 86
Riesen und Zwerge
Rätselhafte Requisiten
Maskenspiel
Der Flaschengeist
Dias als Hintergrund
Schattenbilderbuch
Bewegtes Spiel

Schwarzlicht-Theater 88
Erst mal ausprobieren
Schwarz und weiß
Tips und Tricks
Lustige Spielszenen

Laternen 90
Flammenlaterne
Feuerdrachenlaterne

Li – La – Laternenlicht 92
Lied

4. Kapitel
Die Sonne 94

Sonnenschein 96
Die liebe Sonne
Sonnenfarben
Das ist die Sonne

Sonnenstrahlen 98
Sonnenstrahlen sehen
Sonnenstrahlen einfangen
Spiegelspiel
Eine große Sonne im Garten
Sonnentanz

Sonnenwärme 100
Die Sonne kann …

Sonnenschutz 102
Die Augen schützen!
Die Haut schützen!
Vorsicht: Sonnenbrand!
Sonnenschutzkleidung
Im Schatten ist es schön!

Sonnenhüte selbstgebastelt 104

Ein Sonnenfest im Kindergarten . . . 106
Festbeginn
Das Festprogramm
Schattenbilder-Spiele
Sonnenkuchen und Sonnenwasser
Sonnentanz

Die Sonne hat Kraft 108
Nützliche Sonne
Sonnenenergie
Blick in die Zukunft
Gefährliche Sonne
Die Sache mit dem Ozonloch
Was ist zu tun?

Sonne und Erde 110
Die Sonne ist weit weg
Nicht die Sonne wandert,
sondern die Erde dreht sich!
Alles dreht sich
Sonnenspiel

Ein ganzes Jahr 112
Großer Boden-Kalender
Die Monate
Die Tage
Das Jahr ist um

Die Jahreszeiten 114
Die Erde dreht sich schief
Sommerhitze und Winterkälte
In anderen Ländern
Am Äquator
An den Polen
Auf der anderen Seite der Erde

Tag und Nacht 116
Wenn der Tag zur Nacht wird
Die Sonne geht unter
Sonnenseite – Schattenseite
Die andere Seite

Die Reise der Sonne 118
Lied

Nachtleben im Garten 120
Nachts ist alles anders
Nachtschmetterling
Rummelplatz für Nachtschwärmer
Der Igel

Der Mond 122
Schein und Wirklichkeit
Die Mondkugel
Erde, Mond und Sonne

Der Mann im Mond 124
Lied

Sonne und Sterne 126
Viele Sonnen
Sternbilderbuch
Kalender und Wegkarte
Sternenreigen
Sonnen-Karussell

1. Kapitel

Erlebniswelt Feuer

Eine kleine Flamme

Die Geburtstagskerze

Jan nimmt ein Streichholz, zündet es „fachmännisch“ an, hält das brennende Hölzchen an den Kerzendocht der Geburtstagskerze – und schon flackert eine kleine Flamme. Jan bläst jetzt behutsam das Streichholz aus und betrachtet stolz die brennende Kerze, die er zum Leuchten gebracht hat. In seinen strahlenden Augen spiegelt sich das Kerzenlicht, und Jan schaut lange und still den kleinen Feuerschein an. Er hat heute Geburtstag und durfte die Geburtstagskerze selbst anzünden.
Neben Jan steht sein Freund Andi. Andi bewundert Jan. Er beneidet ihn sogar ein wenig. Nicht weil er heute Geburtstag hat, sondern weil er die Geburtstagskerze allein und ohne Hilfe anzünden kann. Andi kann dies nicht.

Andi hat Angst

Andi hat Angst vor dem Streichholz, wenn es brennt. Und er hat Angst vor der Flamme, wenn sie so flackert und zuckt. Seine Mutter findet es ganz in Ordnung, daß Andi so ängstlich mit dem Feuer ist, dann kann er schon keinen Unsinn damit anstellen, meint sie. Manchmal versucht es Andi trotzdem. Doch, sobald das Streichholz zischend aufflammt, wirft er dieses zuckende „Feuer-Ungeheuer“ weg und rennt davon, damit er es nicht mehr sehen und die Flamme ihm nichts anhaben kann. Zum Glück ist bei diesen Mutproben mit dem Streichholz immer sein Freund Jan dabei, der nicht vor brennenden oder glimmenden Streichhölzern davonrennt und auch weiß, wie man die kleine Streichholz-Flamme wieder auslöscht.

Woher die Kinder die Streichhölzer haben? Ganz einfach: Sie finden die von Erwachsenen achtlos weggeworfenen Streichholzschachteln auf Gehwegen oder neben Zigarettenautomaten. Und oft sind noch ein paar ungebrauchte Hölzchen in der Schachtel. Für solche weggeworfenen Sachen haben die Kinder einen geübten Blick.

Anzünden – Ausblasen

Wenn Kinder Angst vor einer Flamme haben und in Panik ausbrechen, kann schnell ein Unglück passieren! Viel sinnvoller ist es, wenn Kinder Sicherheit im Umgang mit Streichhölzern bekommen und lernen, vorsichtig mit dieser kleinen Flamme umzugehen.
So können sich Kinder eher vor Feuer-Gefahren schützen, weil sie sich zu helfen wissen. Denn, wie gesagt, Streichhölzer oder Gasfeuerzeuge kommen leicht in Kinderhände.
Also, zeigen Sie den Kindern, wie man ein Streichholz richtig handhabt. Erklären Sie genau, wo die Kinder das kleine Zündhölzchen anfassen, wie sie ein brennendes Streichholz festhalten und wie sie die kleine Flamme wieder ausblasen können.
Freiwillige vor – wer will es probieren? Wer große Angst davor hat, kann einfach zuschauen. Vielleicht traut er sich beim nächstenmal, wenn wieder das Anzünden und Ausblasen geübt wird.

So geht es auch

Anfangs können Sie überlange oder besonders große Streichhölzer zum Üben nehmen. Doch den Umgang mit den kleinen Hölzchen sollten die Kinder auf jeden Fall lernen. Wenn Sie dabei bleiben, kann nichts passieren. Hier ein paar Übungen:

Das Üben geht weiter
Ein Kind zündet ein Streichholz an und hält es fest, ein anderes Kind bläst die Flamme wieder aus.

Eine interessante Erfahrung
Eine mit Wasser gefüllte Schüssel steht bereit. Das Streichholz wird angezündet und die brennende Flamme in das Wasser eingetaucht. Zischend verlöscht das Feuer.

Der richtige Umgang mit der Kerze
Eine Kerze wird angezündet, danach muß zuerst das brennende Streichholz und dann die Kerzenflamme wieder ausgeblasen werden.

Ausprobieren
Jetzt geht es anders herum – an der brennenden Kerze wird ein Streichholz entzündet. Nicht erschrecken, wenn es dabei heftig zischt. Das Streichholz gut festhalten!

Kleines Kerzenfeuer

Kerzenflamme

Eine brennende Kerze steht auf dem Tisch. Die Kinder sitzen rundum und betrachten die kleine Flamme ganz genau. Was ist zu sehen? Mit gezielten Fragen können Sie auf Besonderes aufmerksam machen. Die Kinder berichten, was sie beobachten:

- Die Flamme bildet sich am Kerzendocht, es sieht aus, als würde sie sich dort festhalten.
- Die Flamme ist immer in Bewegung. Sie kann sich lang und spitz in die Höhe recken, ein andermal klein und rund zusammenziehen.
- Wenn man vorsichtig und leicht auf die Flamme bläst, neigt sie sich zur Seite. Bei einem stärkeren Luftzug flackert das Kerzenlicht, und die Flamme zuckt hin und her. Bei heftigem Windstoß oder kräftigem Blasen geht das Kerzenfeuer ganz aus.
- Wenn die Kerze ausgeblasen wird, glimmt der Docht kurze Zeit weiter, und eine kleine, rotleuchtende Glut ist zu sehen. Gleichzeitig steigt eine dünne Rauchfahne auf, schlängelt in die Höhe und löst sich schließlich in Luft auf.

- Das Wachs der Kerze wird flüssig und nach und nach weniger. Die Flamme verbraucht das Wachs.
- Die Flamme hat an der Spitze eine hellgelbe, beinahe weiße Farbe. Weiter unten sieht das Kerzenlicht fast durchsichtig aus, und nahe am Docht ist die Flamme bläulich.
- Was bleibt, ist der Duft des Kerzenwachses und der etwas stechende Geruch der Rauches.

TIP: Die Flamme braucht auch Luft zum Brennen, mehr dazu siehe Band 2 „Luft“, Seite 54.

Flammenspiel

Das Flackern und Zucken der Kerzenflamme fasziniert die Kinder, und sie können diesem Flammenspiel lange zuschauen: Wie sich die Flamme zur Seite neigt, gleich wieder in die Höhe streckt, bald darauf still stehen bleibt, dann wieder zappelt und züngelt. Die Flamme scheint lebendig zu sein.
Vielleicht versucht ein Kind spontan, das Tänzeln, Züngeln und Flackern der Flamme mit der Hand nachzuspielen. Dann können Sie diesen Impuls aufgreifen und die anderen Kinder zu diesem Flammenspiel ermuntern:
Der Arm ist die Kerze und die Hand die Flamme. Wenn ein Kind auf seine „Hand-Flamme" bläst, neigt sich diese zur Seite, so wie es auch die echte Flamme macht. Wenn heftiger gepustet wird, muß natürlich auch die „Flamme" schneller flackern und sich hin und her bewegen. Dann kommt die „Flamme" wieder zur Ruhe und stellt sich auf.

Feuer und Wind

Ein Flammenspiel zu zweit: Ein Kind spielt mit Hand und Arm die brennende Kerze, ein anderes Kind ist der Wind, der mal mit zartem Hauch, mal mit heftigem Blasen die „Flamme" flackern und zappeln läßt.
Klar, daß immer wieder auch Windstille eintritt, damit sich die „Flamme" aufrichten und ausruhen kann.

Noch spannender ist das Spiel, wenn das „Kerzen-Kind" die Augen schließt. Dann kann es das Blasen des „Windes" nur noch spüren – aber nicht mehr sehen.

Eine richtige Feuerstelle

Zuerst haben die Kinder Erfahrungen mit Streichholz, Kerze und Flamme gesammelt. Jetzt ist es soweit, daß sie miteinander eine richtige Feuerstelle draußen im Garten aufbauen können. Das geht so:

Die Feuerstelle ausgraben

Zuerst graben Sie ein Loch in die Erde, etwa 50 x 50 cm groß und 10 cm tief. Das ist der Untergrund der Feuerstelle.
Wenn Sie eine Feuerstelle in der Wiese anlegen wollen, dann heben Sie zuerst die Grasnarbe aus, bewahren dieses Wiesenstück an einem schattigen Platz auf und halten es immer feucht. Sie können es später wieder einsetzen: Einfach auf die alte Stelle zurücklegen und tüchtig gießen. So wächst die Grasnarbe wieder an.

TIP: Bevor Sie mit dem Ausgraben der Feuerstelle beginnen, zuerst beim Träger des Kindergartens die Erlaubnis dafür einholen.

Feuerholz aufschichten

Nun wird das Feuerholz aufgeschichtet. Nehmen Sie trockenes Holz. Denn feuchtes Holz qualmt sehr. Klar, daß die Kinder hier mitmachen:
Zuerst ein Stück Papier locker zusammenknäueln und in die Mitte der Feuerstelle legen.
Dann kleine, trockene Zweige wie ein Zelt rund um das Papierknäuel aufstellen, und zwar so locker, daß später die Luft gut durchziehen kann. Dafür geeignet sind die Zweige von Holunderbüschen, von Kiefern und Fichten sowie die Rinde von Birken und die Zapfen von Nadelhölzern.
Als nächstes etwas größere und dickere Zweige locker darüber aufstellen.
Auf diese Weise mehrere Schichten aus immer größeren Zweigen, Ästen und Holzscheiten aufbauen, genauer gesagt gegeneinanderlehnen und miteinander verkeilen, damit sie nicht wie ein Mikadospiel zusammenfallen.
Für die äußeren Schichten des Feuerstoßes sind besonders die Hölzer von Linde, Birke, Erle, Pappel, Weide und Haselnuß geeignet. Eine Besonderheit ist das Birkenholz, es brennt auch, wenn es naß ist.
Aufgepaßt, das Brennholz der Lärche, Kastanie und Platane läßt Funken sprühen!

Das Feuer anzünden

Jetzt kann das Feuer angezündet werden. Das sollten Sie machen, und die Kinder schauen dabei zu.
Ein Stück Papier zusammenrollen, an einer Seite anzünden und zwischen den locker aufgebauten Holzstoß bis zur Mitte schieben, so daß das Papierknäuel in der Mitte des Feuerstoßes zuerst Feuer fängt. Jetzt kann das Feuer von innen nach außen abbrennen. Zuerst werden die kleinen Zweige in der Mitte aufflammen, und nach und nach die äußeren Schichten mit den dickeren Hölzern Feuer fangen.
Wer geschickt ist, kann zum Entzünden des Feuers einen kleinen Tunnel in den Holzstoß bauen. Dieser muß bis zur Mitte reichen und dient zugleich als Luftzufuhrkanal für das Feuer.
Wenn das Feuer anfangs nur glimmt oder ein zaghaftes Flämmchen flackert, dann können Sie in den Holzstoß blasen und so dem Feuer Luft zuführen.

Das Feuer beobachten

Das gibt eine Aufregung, wenn das Feuer lodert und brennt. Jetzt können sich die Kinder um ihre Feuerstelle setzen und die großen Flammen beobachten:

- Wie sie züngeln, aufleuchten, lodern...
- Wie das Holz langsam verbrennt, glüht, verkohlt, zusammenfällt...
- Wie zum Schluß kleine Flämmchen am verkohlten Holz entlangzüngeln und langsam verglühen...
- Wie die Glut immer wieder aufleuchtet... bis schließlich das Feuer verlöscht und schwarze Asche zurückbleibt.

Zum Schluß wird das Aschehäuflein mit einem Eimer Wasser übergossen – zur Sicherheit. Diese Arbeit machen die Kinder selbst.

Feuerwörter

Es fällt den Kindern anfangs nicht leicht, das, was sie sehen, auch mit Worten zu beschreiben. Spracherziehung ist angesagt. Bieten Sie den Kindern den passenden Wortschatz für ihre Beobachtungen. Eine Flamme kann nicht nur brennen, sondern auch züngeln, aufleuchten, schimmern, flackern, zucken und lodern. Das sind schön klingende Worte, die den Kindern gefallen, und die sie begeistert in ihren aktuellen Sprachgebrauch aufnehmen werden.

Feuerfarben

Die Kinder sitzen um die Feuerstelle und schauen in die Flammen. Welche Farbe hat das Feuer?
„Rot!“ werden die Kinder spontan antworten. Doch wenn sie genauer hinschauen, werden sie mehr Farben entdecken:
„Da ist auch Gelb dabei.“
„Und ein bißchen Blau.“
„Ich sehe auch ein Orange.“
„Ich habe Lila gesehen.“
Alle Antworten sind richtig. Übrigens: Die Farbe des Feuers ist vom Brennmaterial abhängig. Doch das interessiert die Kinder nicht. Sie finden es aufregend zu entdecken, daß das Feuer viele Farben hat.

Feuerbilder malen

Wie schade, daß die leuchtenden Flammen-Farben mit dem Erlöschen des Feuers verschwinden. Wie wäre es, wenn die Kinder ihre Flammen mit bunten Malstiften auf ein Blatt Papier bannen? Ein Feuer mit vielen Farben, wie sie es vorher gesehen haben!
Es gibt verschiedene Gestaltungsmöglichkeiten für die Feuerbilder:

Feuriges Rot

Damit die Kinder die Farben, die sie im Feuerschein leuchten sehen, auch benennen können, sollten Sie ihnen den Wortschatz dazu geben: hellrot, dunkelrot, glutrot, rotblau, orange, rotorange, lila, violett, gelbrot, hellgelb, dunkelgelb.
Schön sind auch Phantasiewörter wie „brennendes Rot“, „glühendes Orangegelb“ oder „Zauberfunkenrot“. Es macht Spaß, solche neuen Wörter für die Farben des Feuers zu erfinden.

Mit Malfarben

In den Farben Rot, Blau, Braun, Gelb, Orange, Lila, Violett, Schwarz können Flammen auf dem Papier lodern. Als Malstifte eignen sich Buntstifte, Wachsmalstifte, Ölkreiden oder Tafelkreiden.
Zum Schluß das Feuerbild mit einem Lappen verstreichen und dabei lodernde Flammenlinien ziehen. Auf diese Weise werden die Übergänge der Farbtöne verwischt, und die Flammen auf dem Papier sehen sehr echt aus.

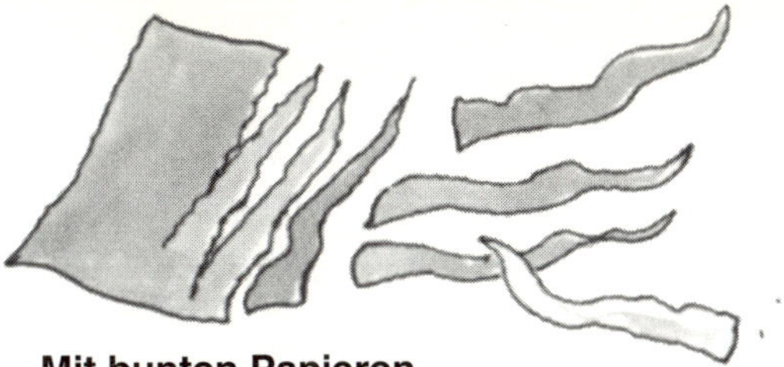

Mit bunten Papieren

Die Kinder wählen verschiedene Farbtöne aus und reißen das Papier in einzelne Streifen, die wie Flammen nach oben spitz zulaufen. Diese Flammen-Streifen kleben die Kinder dicht nebeneinander und teilweise auch übereinander zum Feuerbild zusammen.
Als Papiere eignen sich Buntpapier, Origamipapier, Transparentpapier, Seidenpapier, Kreppapier.

Flackerndes Feuerbild

So entsteht ein Feuerbild, das echt leuchtet und flackert: Auf ein weißes Transparentpapier als Untergrund werden die einzelnen Flammen aufgeklebt. Das fertige Bild wird zu einem Rohr zusammengeklebt und wie eine Tischlaterne über ein brennendes Teelicht gestülpt. Jetzt leuchten die Flammen im Feuerbild auf.

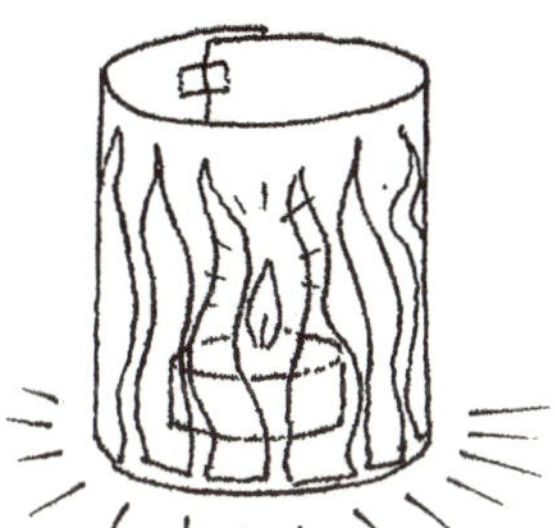

Mit gefärbter Naturwolle

Naturwolle oder Rohwolle, auch Märchenwolle genannt, gibt es in den unterschiedlichsten Farben. Für das Feuerbild eignen sich die roten, blauen, braunen, gelben, orangen, lila und schwarzen Farbtöne. Auch bei diesem Wollkunstwerk wählen die Kinder ihre Feuer-Farben selbst aus. Als Untergrund eignet sich Rupfen oder Filz. Und so wird's gemacht:
Aus der Naturwolle ein Stückchen abzupfen, die Wollfasern auseinanderziehen und so formen, daß sie wie eine Flamme aussehen. Diese Woll-Flamme einfach auflegen und festdrücken, sie hält von selbst auf dem Rupfen oder Filz. Auf diese Weise mehrere, verschieden farbige Woll-Flammen nebeneinander setzen, bis ein schönes, großes Feuer „brennt".

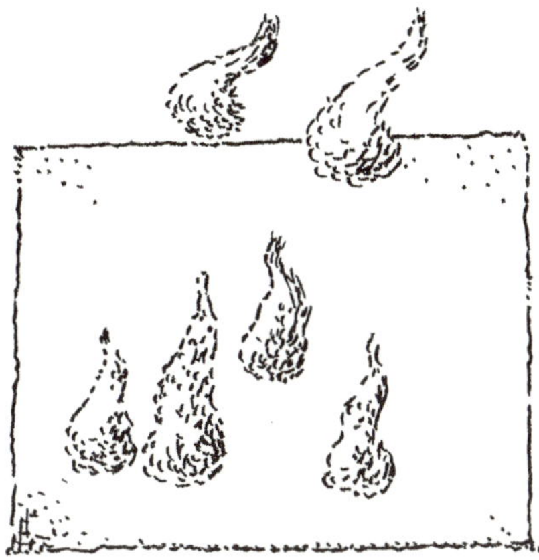

Feuertanz

Wie sich die Flammen bewegen

Jetzt kennen die Kinder die Bewegungen der Flammen, zum Beispiel das Flackern des kleinen Kerzenlichts (siehe Seite 12), oder das Auflodern des großen Lagerfeuers (siehe Seite 16). Wenn die Kinder sich nicht mehr an dieses Flackern und Lodern der Flammen erinnern, sollten Sie das „Flammenspiel“ noch einmal zeigen. Dann werden die Kinder Spaß haben, diese Bewegungen der Flammen im freien Tanzspiel nachzuahmen.
Als Musik eignet sich jede Instrumentalmusik mit fließendem Rhythmus.

Feuerkostüm

Bevor der Feuertanz beginnt, verkleiden sich die Kinder in rot-bunte Flammen, zum Beispiel so:

Flammen-Kopfschmuck
Heften Sie einen Kartonstreifen zum Ring zusammen, den die Kinder wie einen Haarreif aufsetzen können. Dann schneiden oder reißen die Kinder viele rote und gelbe Flammen aus dünnem Karton aus und kleben diese auf ihren Reif.

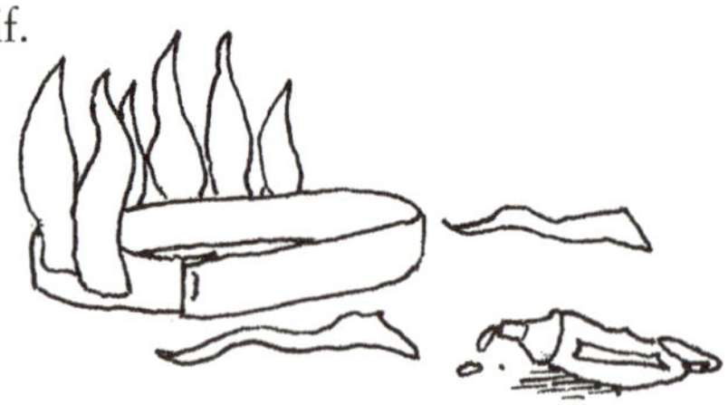

Feuer-Umhang
Aus Kreppapier schneiden die Kinder viele Streifen ab. Am besten passen die „Feuer-Farben“: dunkelrot, hellrot, rotgelb, hellgelb, sonnengelb, rotblau, violett, lila, rosa, rotbraun, hellbraun, ocker, schwarz. Jedes Kind wählt seine Farben selbst aus. Die Bänder werden an eine Schnur geklebt oder mit dem Tacker angeheftet – fertig!
Der Umhang wird einfach um die Schultern gelegt und vorne zusammengebunden. Am besten paßt darunter ein schwarzer, roter oder gelber Gymnastikanzug.

Feuer-Schminke
Wenn es den Kindern gefällt, können sie sich mit roter und gelber Schminkfarbe schlängelnde Flammen auf Gesicht und Hände malen. Das sieht aufregend aus!

Die Tanzbewegung

Die kleinen Feuertänzer verteilen sich im Raum, so daß jeder viel Platz hat. Die Tanzbewegungen machen die Kinder so, wie es ihnen spontan in den Sinn kommt. Wählen Sie als Tanzmusik ein beliebiges Instrumentalstück aus, das zum Thema „Feuer“ paßt. Die Feuertanz-Geschichte, die Sie zur Musik erzählen, ist zugleich eine Art Regieanweisung für den Bewegungsablauf des Tanzes.

Feuertanz-Geschichte

- Anfangs ist das Feuer klein, nur einzelne Flämmchen glimmen auf... (die Kinder lassen zuerst ihre Finger wie kleine Flämmchzen tanzen, dann bewegen sich zaghaft die ganzen Hände...).
- Ein Wind kommt auf, er bläst in das Feuer und die Flammen züngeln, werden größer und höher... (die Kinder strecken ihre Hände in die Höhe, bewegen die Arme hin und her und auf und ab...).
- Das Feuer lodert auf, die Flammen zucken in die Höhe... (die Bewegungen der Tänzer werden heftiger und schneller, jetzt tanzen sie mit dem ganzen Körper, drängen dicht zusammen, gehen wieder auseinander, sie strecken sich weit nach oben, werfen die Arme vor und zurück, zucken zusammen, kauern in die Hocke, springen wieder auf... je nachdem, wie Sie jetzt das Flackern, Züngeln, Winden, Lodern, Schlängeln und Zucken der Flammen beschreiben).
- Dann wird das Feuer schwächer, die Flammen gehen zurück, nur noch einzelne Flämmchen glimmen mal da, mal dort auf, schließlich ist das Feuer aus... (die Tanzbewegungen werden langsamer, die Tänzer gehen in die Hocke und bleiben zum Schluß auf dem Boden liegen).

Feuermusik

Verträumte Stille

Das Feuer der kleinen Feuerstelle im Garten brennt. Die Kinder sitzen ringsum und unterhalten sich darüber, was sie sehen. Allmählich legt sich die Aufregung über das große Feuer, und die Kinderschar wird still. Alle schauen sie verträumt in das Flammenspiel, fasziniert, verzaubert von den roten, bewegten Feuerflammenschlangen, die miteinander züngeln und tanzen.
Lassen Sie den Kindern viel Zeit für diese Stille. Wenn einzelne Kinder unruhig werden, fordern Sie die kleinen Unruhegeister mit einem Handzeichen auf, diese Stille noch ein wenig auszuhalten.

Das Feuer hören

„Hört ihr das Knistern und Knacken?“
Mit dieser Frage machen Sie die Kinder auf eine andere sinnliche Wahrnehmung aufmerksam, auf das Hören. Ja, die ganze Zeit über gab es diese Geräusche des Feuers. Nur haben es die Kinder bisher nicht bemerkt vor lauter Aufregung, Erzählen, Beobachten und Schauen. Doch jetzt, in dieser Stille, können die Kinder das Feuer auch hören.

Feuertöne

Das Feuer kann knistern, knacken, prasseln, toben, tosen, wüten… und zusammen mit dem Wind summen und pfeifen. Erfinden Sie mit den Kindern andere phantasievolle Bezeichnungen für die Geräusche des Feuers. Da gibt es dann zum Beispiel ein Knallern, ein Feuerbrummen, ein Flammenflüstern oder einen Feuerfee-Gesang.

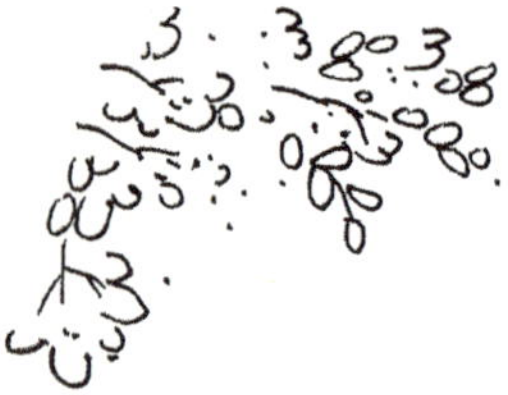

Feuer-Klangspiele

Das Feuer ist längst erloschen und mit einem Eimer Wasser übergossen worden. Die Kinder ziehen in den Gruppenraum. Wer kann sich jetzt noch an die Feuer-Geräusche erinnern? Holen Sie alle Musikinstrumente hervor, und lassen Sie die Kinder ausprobieren, welche Musikklänge den Feuergeräuschen ähnlich sind.
Muntern Sie die Kinder auf, die Instrumente auf recht ungewöhnliche Weise zum Tönen und Klingen zu bringen, zum Beispiel so:

- Mit den Fingern auf dem Trommelfell krabbeln = leises Knistern des Feuers.

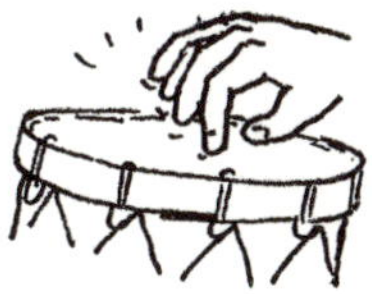

- Mit runden Rasseln auf den Klangstäben des Xylophons auf und ab gleiten = Prasseln des Feuers.

- Mit einem kleinen Gummiball auf den Klangstäben des Metallophons auf- und abrollen = Tosen der Flammen.

- Mit den Fingern in unregelmäßigem Rhythmus auf die Röhrentrommeln schnipsen = Knacken des Holzfeuers.

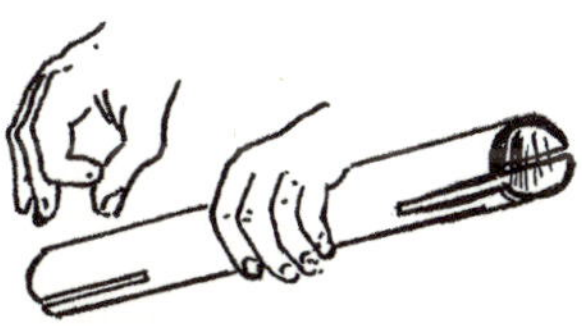

Feuer-Musik-Spiel

Nach diesen Klangexperimenten haben die Kinder sicher Lust, miteinander ein Feuer-Musikstück zu spielen. Das geht am einfachsten, wenn Sie eine kleine Feuergeschichte erzählen und die Kinder gleichzeitg dazu auf ihren Instrumenten mitspielen, also ihre Erzählung mit Klängen und Tönen begleiten.
Was wird gespielt? Die kleinen Musiker können Rhythmen oder Klangspiele frei improvisieren.

Vorbereitung
Sie erzählen die Geschichte, und die Kinder besprechen, welche Instrumente, Rhythmen und Klänge dazu passen. Dann werden die Rollen der Musiker verteilt und einzelne Musikspielszenen geübt. Eine für dieses Spiel passende Geschichte steht auf der nachfolgenden Doppelseite. Doch macht es auch Spaß, mit den Kindern eine Geschichte selbst auszudenken.

Die Instrumental-Rollen
Hier ein Beispiel, wie Sie mit den Kindern das Musikspiel besprechen und die Spielweisen ausprobieren können.
Die Feuerfee (siehe nächste Seite): Welches Instrument ist für die Feuerfee geeignet? Vielleicht das Glockenspiel oder die Triangel?
Welche Spielweise ist passend, wenn die Feuerfee tanzt? Mit dem Glockenspiel könnte es ein munteres Auf- und Abgleiten auf den Klangstäben sein, mit der Triangel könnte es ein hüpfendes Rhythmusspiel werden.

Feuerfee und Flammenkobold

Die kleine Feuerfee und der kleine Flammenkobold sind Freunde. Wenn sie sich treffen, haben sie viel Spaß miteinander. Am liebsten spielen sie Feuerspiele auf ihrem Feuerspielplatz.
Auch heute wollen sie wieder ein herrlich großes Feuer machen. Sie sammeln trockene Tannenzapfen und Zweige. Der Flammenkobold schleppt auch einige große Äste herbei. Dann schichten die beiden das Feuerholz auf. Als sie damit fertig sind, schnippt die Feuerfee mit den Fingern, und ein kleiner Feuerfunken springt in die Mitte des aufgebauten Holzstoßes.
Ein kleines Flämmchen zuckt auf und entzündet die dünnen Zweige. Es knistert leise. Dann springen die Flammen auf die Tannenzapfen über, und das Knistern und Knacken wird lauter. Die Funken sprühen. Jetzt werden die Flammen immer größer. Die Zweige fangen Feuer. Das Feuer prasselt und tobt. Die Flammen züngeln um die großen Äste und wollen sie entzünden.
Als der kleine Flammenkobold das sieht, klatscht er begeistert in die Hände, und Stichflammen lodern auf. Das Feuer tobt, und die Flammen springen wild im Kreis.

Jetzt fassen sich die kleine Feuerfee und der kleine Flammenkobold an den Händen und tanzen um ihr Feuerspiel. Die Flammen tanzen mit und drehen und verbeugen sich, hüpfen in die Höhe und schlängeln um Zweige und Äste.
Das ist ein Drehen und Springen, ein Auf und Ab und Hin und Her. Die kleine Feuerfee und der kleine Flammenkobold springen und tanzen mit den Flammen um die Wette. Jeder will wilder und schneller sein.
Langsam wird das Feuer wieder kleiner. Die Flammen ziehen sich zurück, tänzeln und schlängeln um die verkohlten Äste, die in der Mitte der Feuerstelle zusammengefallen sind. Zum Schluß züngeln nur noch ein paar kleine Flämmchen sanft um die letzten Holzreste, dann ein Glimmen, und schließlich ist das Feuer aus. Ein dünner Rauch steigt in die Luft.
Die kleine Feuerfee und der kleine Flammenkobold sind ganz außer Atem gekommen vor Tanzen und Hüpfen. Jetzt bleiben sie auch stehen und schauen der kleinen Rauchwolke nach, die sich langsam in Luft auflöst.
Die beiden Freunde verabschieden sich. „Morgen machen wir wieder ein Feuer!" sagt die kleine Feuerfee. „Und wir tanzen wieder einen wilden Flammentanz!" sagt der kleine Flammenkobold. Dann dreht sich jeder dreimal im Kreis, klatscht in die Hände – und ist verschwunden.

Es raucht

Rauchschlangen in der Luft

Sie zünden eine Kerze an und fordern die Kinder auf, ganz aufmerksam zu beobachten, was passiert, wenn die Kerzenflamme ausgeblasen wird.
Gleich geht es los: Eins, zwei, drei! Mit einem kräftigen Pusten blasen Sie die Kerze aus. Was ist zu sehen?
Der Kerzendocht glimmt weiter, und am rotglühenden Docht steigt eine dünne Rauchwolke auf. Wie eine Schlange bewegt sich der Rauch durch die Luft, verteilt sich, wird breiter, tänzelt, wirbelt, windet sich, bildet Rauchkringel, steigt höher und höher, wird dünner und feiner und löst sich langsam in Luft auf. Der Rauch ist verschwunden, er ist unsichtbar geworden.
Wer eine feine Nase hat, der kann ihn noch riechen.

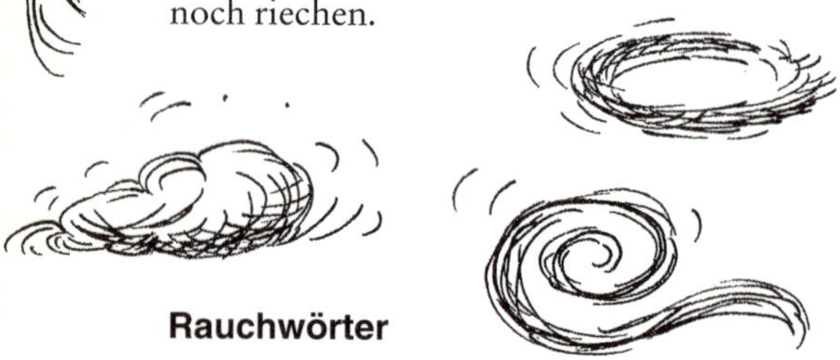

Rauchwörter

Da gibt es Rauchwolken, Rauchfahnen, Rauchschwaden und Qualm. Doch spaßiger sind Phantasiewörter wie Rauchschlange, Rauchlocke, Rauchkringel, Rauchhaare. Lassen Sie die Kinder noch mehr witzige Rauchwörter ausdenken.

Was war das?

Jetzt wollen es die Kinder genau wissen: Was ist Rauch, wo kommt er her, wo geht er hin, warum kann er unsichtbar werden?
Die Flamme schmilzt und verbrennt das Kerzenwachs. Wenn die Flamme ausgeblasen wird, ist der Docht noch sehr heiß. Er glimmt weiter und verdampft dabei Kerzenwachs. Winzig kleine Wachsteilchen werden mit der erhitzten Luft in die Höhe getragen. Denn heiße Luft steigt nach oben (mehr darüber siehe Band 2 „Luft“, Seite 78). Diese nicht vollständig verbrannten Teilchen kann man nur noch als Rauch sehen.

Information für Schlaumeier:
Bei einem Feuer wird die Luft erhitzt mitsamt den Wasserteilchen, die in der Luft enthalten sind. Diese steigen als Wasserdampf in die Höhe (siehe auch Band 1 „Wasser“, Seite 50/51). Die nicht verbrannten Brennstoffteilchen verbinden sich mit den Wasserteilchen und bilden den Rauch.

Vorsicht!

Rauch oder Qualm nicht einatmen! Oft sind darin Teilchen enthalten, die giftig oder ätzend sind. Erklären Sie dies den Kindern.

Beim Lagerfeuer entsteht vor allem dann Rauch, wenn das Feuerholz noch feucht ist. Besondere Vorsicht ist beim Verbrennen von Bauholz oder anderen Holzresten geraten, die lackiert, geölt, lasiert oder geleimt sind. Es können giftige Gase frei werden!

Wie können sich die Kinder vor unangenehm beißendem Rauch schützen? Sie halten zum Beispiel ein Taschentuch vor Mund und Nase und verlassen schnell den verrauchten Raum oder die qualmende Feuerstelle.

TIP: Ausführlichere Informationen darüber siehe Band 2 „Luft“, Seite 62.

Feuerholz riechen

Wenn Sie jedoch unbehandeltes Holz verbrennen, dann können die Kinder diesen feinen, würzigen Geruch des Holzes schnuppern. Zum Beispiel riecht Nadelholz angenehm nach Harz.

Räucherkerzen

Der Rauch einer ausgelöschten Kerze verschwindet schnell, und die Kinder können nur kurze Zeit die Rauchbildung beobachten. Überraschen Sie deshalb die Kinder mit einer Räucherkerze. Sie entwickelt einen feinen, sichtbaren Rauch, der durch das ganze Zimmer zieht. Räucherkerzen sind kleine Duftkegel, die vor allem zur Weihnachtszeit gekauft werden. Es gibt sie in verschiedenen Geruchsvarianten. Kinder mögen Tannenduft besonders gern. Auch Räucherstäbchen oder Duftstäbchen funktionieren auf diese Weise: Anzünden, Flamme ausblasen und den Duftkegel oder die Stäbchen weiterglimmen lassen.

Räuchermännchen

So ein kleines, rauchendes Männchen sieht sehr lustig aus. Die Figur können Sie mit den Kindern aus Tonkarton oder festem Papier basteln:

Einen Viertelkreis zeichnen und ausschneiden. Ein Zwergengesicht mit Bart aufmalen und einen großen Mund ausschneiden. Dann den Viertelkreis zu einem spitzen Kegel formen und zusammenkleben. Auf der Rückseite am unteren Rand eine große Kerbe einschneiden, das ist das Luftloch. Jetzt eine Räucherkerze auf einen Schraubdeckel aus Blech oder Aluminium stellen, anzünden, die Flamme ausblasen und das Räuchermännchen darübersetzen. Schon beginnt es zu rauchen und zu qualmen. Hmmm, das riecht gut!

Ruß und Kohle

Das ist Ruß

Ruß sind winzig kleine Teilchen, die vom Feuer nicht verbrannt sind. Sie sind so fein wie Staub und setzen sich zum Beispiel bei einer Feuerstelle auf den angrenzenden Steinen ab oder am Topfboden des Wasserkessels, der über einer Feuerstelle aufgehängt ist.

Ruß-Zauberei

Das ist Zauberei, meinen die Kinder, wenn sie sehen, wie vor ihren Augen Ruß gemacht wird. Doch nichts ist einfacher als das:
Nehmen Sie einen alten Porzellanteller und halten ihn mit der Unterseite dicht über eine Kerzenflamme. Die Flamme scheint am Porzellan zu lecken... und hinterläßt eine rußige Spur. Mit dem Finger können Sie diesen Ruß wieder abtupfen... und einem staunenden Kind einen Rußfleck auf Hand oder Nase setzen. Kein Problem, Ruß geht mit Seife wieder ab.

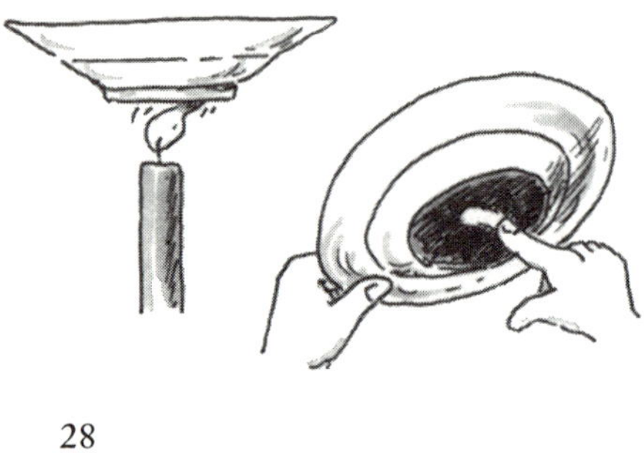

Rußige Raben

Das ist ein lustiger Spaß für die Kinder, wenn sie mit Rußfarbe viele Raben aufs Papier setzen können.

Rußfarbe
Diese Arbeit können die älteren Kinder selbst durchführen, vorausgesetzt, sie haben gelernt, vorsichtig mit einer Kerze umzugehen. Das geht so: Mit dem Finger etwas Margarine aufnehmen und damit die Unterseite eines Porzellantellers einstreichen, am besten nur den Innenkreis. Dann den Teller über die Kerzenflamme halten, wie oben beschrieben, und diese Fläche einschwärzen. Keine Angst, es entsteht dabei nur Ruß.

Rußdruckerei
Jetzt machen auch die kleineren Kinder wieder mit: Mit dem Zeigefinger in den Ruß tippen und den schwarzen Finger auf ein Stück Papier drücken. Das ist der Rabenkörper. Mit Farbstiften bekommt der Rabe einen gelben Schnabel, rote Beine und schwarze Flügel.
Klar, daß auf einem Papier viele kleine Raben fliegen, sitzen oder hüpfen können.

Das ist Kohle

Wenn bei einem Lagerfeuer Holz nicht ganz verbrannt ist, bleibt es als schwarze Holzkohle zurück.
Die Holzkohle, die beim Grillfeuer oder als Heizmaterial des Holzkohleofens Verwendung findet, ist jedoch auf andere Weise hergestellt: Das Holz wird „verkohlt“, das heißt ohne Sauerstoff gebrannt, so daß es weder Feuer fangen noch verbrennen kann. Früher war dies die Arbeit der Köhler.

Schwarze Kunst

Es macht Spaß, auf Papierbögen mit großen Schwüngen schwarze Kohlespuren zu hinterlassen, die auch noch mit dem Finger verwischt werden können. Jetzt sind die Zeichenkünstler gefragt, und es gibt viel auszuprobieren: Dicke Striche, zarte Linien, Kreise, Wellen, Kringel, Punkte, Kerzendochte, Rauchfahnen, Regenwolken, Schloßgeister und vielleicht sogar einen Schornsteinfeger, einen Panther oder eine Ritterburg bei Nacht.

Kohlestifte zum Zeichnen

Mit Kohle kann man prima zeichnen. Das probieren die Kinder gleich selbst aus. Doch mit der Holzkohle vom Grillfeuer geht es nur recht und schlecht. Viel besser zeichnet die Kohlekreide bzw. Zeichenkohle, die in Schreibwarenläden zu kaufen ist. Für Kinder sind weiche Kohlekreiden am besten geeignet.

Zeichenkohle selbstgemacht

Einen dünnen Zweig in Alufolie wickeln und das Päckchen oben an zwei Stellen mit einer Stecknadel einstechen, damit beim Erhitzen des Holzes Wasser und Gase entweichen können. Dann das Päckchen in ein Lagerfeuer oder Grillfeuer legen. Wenn das Feuer erloschen ist, warten, bis auch das Alupäckchen erkaltet ist, dann herausnehmen, auswickeln – und aus dem Zweig ist ein Zeichenkohlestift geworden.

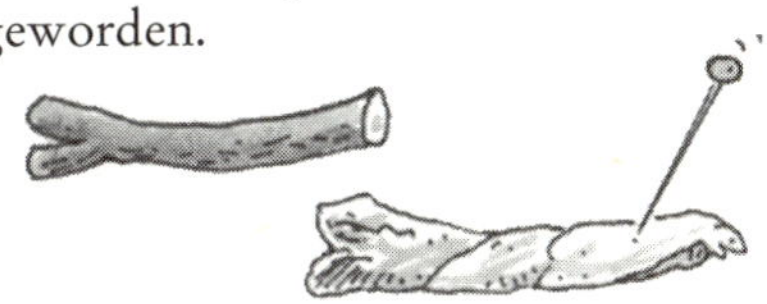

Feuer! Feuer!

Nur keine Panik!

Ein kleine Flamme ist harmlos. Sie leuchtet nur mit schwachem Schein und flackert hin und her. Wird sie ausgeblasen, ist alles vorbei.
Ein Lagerfeuer ist da schon aufregender. Hier sprühen die Funken, das Feuer lodert hell auf, und die Flammen züngeln nach allen Seiten. Da heißt es aufgepaßt, daß die Feuerstelle abgesichert ist, daß nichts Feuer fangen kann und das Feuer am Schluß mit Wasser gelöscht wird.
Doch gefährlich ist das Feuer, wenn die Flammen groß sind und zuckend um sich greifen. Bei so einem großen Brand rennen die Menschen in panischer Angst weg, stürmen hektisch davon, schauen sich nicht mehr um, drängen, schubsen und stoßen. Und bei diesem Gedränge passieren die schlimmsten Unfälle. Wären die Menschen ruhiger und besonnener, könnte manches Unheil verhindert werden. Würden sie zum Beispiel nicht drängeln, kämen sie viel schneller durch eine Türe! Würden sie sich nicht gegenseitig wegschieben, kämen sie viel schneller weiter.
Vielleicht gäbe es dieses hektische Fluchtverhalten nicht, wenn die Menschen mehr über das Feuer wüßten, besser mit ihm umgehen könnten, über die Gefahren und Besonderheiten des Feuers informiert wären? Das wäre ein Chance, bei einem Brand heil davonzukommen!

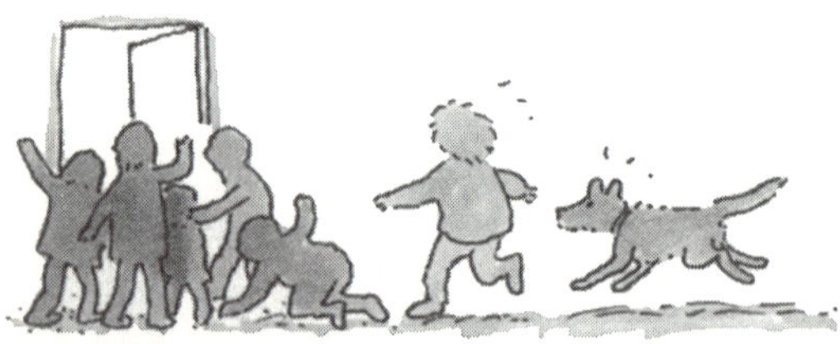

Sicherheit

Zu diesem Thema gibt es einiges, was Sie schon Kindern erklären und zeigen können. Es sind Verhaltensweisen, die Sie im Kindergarten üben können und die die Kinder vielleicht einmal zu Hause ausführen müssen, wenn Feuer ausbricht, und kein Erwachsener zur Stelle ist.

Das Feuer ersticken
Feuer braucht Luft, um brennen zu können. Wenn ein Feuer ausbricht und die Flammen noch klein sind, sollte man schnell versuchen, die Flammen zu ersticken: Zum Beispiel Wasser auf die brennende Stelle gießen oder eine Wolldecke darüber werfen und mit einem nassen Handtuch auf die Decke schlagen.

Fenster und Türen schließen
Wenn die Kinder dazu nicht in der Lage sind, sollten sie schnell das Fenster schließen, den Raum verlassen und – das ist das Wichtigste – die Türe hinter sich schließen, damit das Feuer nicht gleich auf den anderen Raum übergreifen kann.

Nicht nachschauen
Wenn das Feuer scheinbar erloschen, aber dunkler Rauch noch zu sehen ist, dann heißt es immer noch Vorsicht. Auch könnte der Rauch giftig sein und ätzende Gase enthalten. Also, das Zimmer nicht allein wieder betreten. Ein Erwachsener muß dabei sein. Mit einem feuchten Tuch Mund und Nase abdecken.

Hilfe holen!

Die Kinder sollten im Kindergarten und auch zu Hause wissen, wo und wie sie Hilfe holen können. Welche Leute können die Kinder rufen? Gibt es zum Beispiel einen Hausmeister? Wie findet man ihn? Gibt es Nachbarn? Wo ist die Haustürklingel zur Nachbarswohnung? Im Kindergarten können Sie mit den Kindern das „Hilfe holen“ üben. Zu Hause sollten die Elten mit einem Elternbrief auf dieses Thema aufmerksam gemacht werden.

Feuerlöscher
Gibt es Feuerlöscher im Kindergarten? Die Kinder sollten zumindest wissen, wo die Feuerlöscher zu finden sind, um im Notfall einem Erwachsenen die Stelle zu zeigen.

Die Feuerwehr rufen

Die Notrufnummer ist 112! Alle Kinder sollten lernen, das Telefon zu bedienen und diese Telefonnummer der Feuerwehr zu wählen. Dazu gehört auch: Niemals zum Spaß bei der Feuerwehr anrufen! Das verstehen die Kinder vielleicht besser, wenn sie mehr über die Arbeit der Feuerwehrleute erfahren (siehe nächste Doppelseite).

Erste Hilfe

Auch darüber sollten die Kinder Bescheid wissen! Denn bei kleinen Brandwunden können sich die Kinder selber helfen: Sofort die Stelle unter fließend kaltes Wasser halten und lange abkühlen lassen. Vorsicht, die Brandblase nicht mit Fett eincremen!

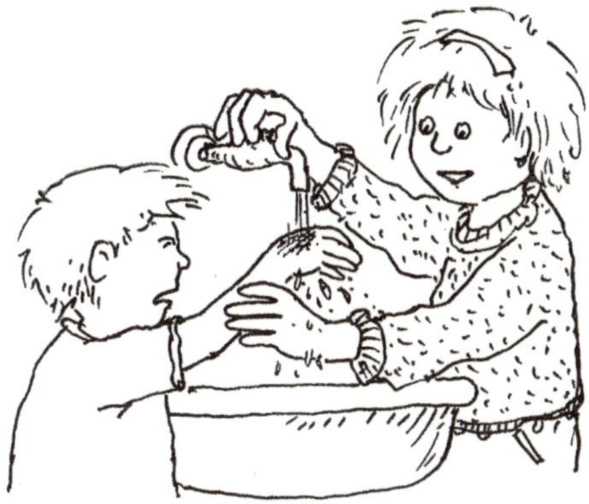

Bei größeren Brandwunden allerdings dürfen die Kinder keinen Verband anlegen und die Wunde nicht berühren! Aber aufpassen, daß kein Schmutz in die Wunde kommt. Eventuell ein frisches und gebügeltes Küchenhandtuch locker über die Wunde legen. Aber nicht festbinden! Sofort einen Arzt rufen oder die Notrufnummer 110 anrufen und um Hilfe bitten.
Bei all diesen Informationen geht es vor allem darum, daß die Kinder in solchen Notfällen die Angst verlieren und Sicherheit gewinnen, weil sie wissen, was sie tun oder wie sie sich verhalten sollen. Geben Sie den Kindern diese Sicherheit!

Die Feuerwehr

Tatü-Tata!

Das Martinshorn des Feuerwehrautos ist schon von weitem zu hören. Es fordert mit der Sirene die Autos auf der Straße auf, schnell Platz zu machen, zur Seite zu fahren oder stehenzubleiben und das Feuerwehrauto vorbeizulassen! Denn, wenn es brennt, ist höchste Eile geboten. Deshalb hat ein Feuerwehrauto im Einsatz überall Vorfahrt und darf sogar bei Rot über die Ampel oder auf der falschen Straßenseite fahren.
Da heißt es auch für Fußgänger achtgeben! Und was müssen Kinder beachten, wenn sie das „Tatü-Tata“ hören?
Am besten ist es, wenn Sie mit den Kindern einen Rundgang um das Kindergartengelände machen und vor Ort besprechen, was die Kinder tun und wohin sie ausweichen können, wenn das Martinshorn ertönt.
Auch hier heißt das Motto wieder „Keine Angst haben!“ Es kommt vielmehr darauf an, daß die Kinder genau wissen, wie sie sich verhalten sollen.

Aus dem Weg!

Anfangs sieht man nicht, aus welcher Richtung das Feuerwehrauto oder Polizeiauto kommt. Deshalb müssen die Fußgänger aufpassen! Das heißt zum Beispiel vom Gehwegrand zurückweichen und nicht naseweis auf die Straße rennen und schauen, was los ist! Das ist sehr gefährlich! Besprechen Sie dies mit den Kindern:

- Die Kinder müssen stehen bleiben, wenn sie das Martinshorn hören, und sich umschauen, ob sie das Fahrzeug mit dem eingeschalteten Blinklicht sehen.
- Am sichersten ist es für die Kinder, wenn sie ein paar Schritte zurückweichen, damit notfalls ein Auto auf den Gehweg auffahren könnte.
- Die Kinder dürfen jetzt die Straße nicht überqueren, auch wenn das Ampellicht auf Grün steht. Es könnte sein, daß die Feuerwehr angefahren kommt und freie Bahn braucht!
- Die Kinder sollten abwarten, bis sie die Sirene nicht mehr hören. Erst dann dürfen sie weitergehen.

Verkehrserziehung auf dem Tisch

Das beliebte Feuerwehrspiel der Kinder bekommt diesmal einen anderen Lerninhalt: Verkehrserziehung.

Die Vorbereitung
Zeichnen Sie mit weißer Tafelkreide ein paar Straßen auf den Tisch. Tafelkreide läßt sich leicht wieder wegwischen. Dann stellen die Kinder Häuser auf, lassen Autos auf den Straßen fahren, stellen kleine, eventuell selbstgebastelte Ampeln an Kreuzungen auf und lassen schließlich kleine Spielpüppchen als Fußgänger hin- und herwandern. Dann bauen oder basteln die Kinder noch ein Feuerwehrhaus und stellen ihre Feuerwehr-Spielzeugautos hinein.

Das Spiel
Ein Spielzeughaus brennt! Rote Flammen, aus Transparentpapier gerissen, lodern um ein Spielzeughaus. Nun wird es spannend:
Ein Spielpüppchen rennt zur Telefonzelle und ruft die Feuerwehr! Die Feuerwehrleute eilen zum Feuerwehrhaus, setzen sich in die Feuerwehrautos und fahren los. Die Sirenen heulen auf. Die Autos auf den Straßen müssen anhalten, die Fußgänger auf den Gehwegen bleiben stehen. Die Feuerwehr rast durch die Straße zur Brandstelle… und löscht das Feuer.
Spielen Sie mit den Kindern mehrmals diese Szene und lassen die Kinder selbst ihr Spiel erklären.

Ein Feuerwehrmann

Die Feuerwehrleute tragen Schutzhelme und feuerfeste Schutzkleidung. Wenn sie mit dem Feuerwehrauto die Brandstelle erreichen, hat jeder etwas Besonderes zu tun: Den Wasserschlauch am Tanklöschfahrzeug aufrollen, einen anderen Wasserschlauch an den nächsten Hydranten anschließen, die Wasserspritzpumpe betätigen, auf die Brandstelle mit Wasser spritzen, die Feuerleiter ausfahren, mit einem Wasserschlauch in der Hand die Leiter hinaufklettern und von oben her das Feuer löschen, sich um die Bewohner des Hauses kümmern, in die Wohnungen eindringen und nachschauen, ob in den Zimmern noch Menschen sind, die gerettet werden müssen, das Gebäude rundum absichern, damit keine neugierigen Leute die Löscharbeiten behindern, die Straße absperren…

TIP: Laden Sie einen Feuerwehrmann in den Kindergarten ein, damit er von seiner Arbeit erzählen und die vielen interessierten Kinderfragen beantworten kann.

Brennen und Löschen

Woher das Interesse?

Die Kinder sehen, wie eine Kerze angezündet wird, wie jemand seine Zigarette oder Pfeife zum Qualmen bringt, wie ein Grillfeuer entfacht wird, wie der Gasherd in der Küche eingeschaltet und angezündet wird oder wie zu Silvester die Leuchtraketen entzündet werden. Die Kinder hören von Waldbränden in heißen Sommern, von Brandrodung in den Regenwäldern (siehe auch Band 3 „Erde", Seite 112), von Feuersbrunst und Explosionen. Bevor die Kinder heimlich, weil verboten, mit eigenen Versuchen ihre Neugierde stillen und ihren Forscherdrang befriedigen, könnten Sie zusammen mit ihnen ein paar Experimente durchführen. Das gibt Ihnen die Chance, zugleich auf die Gefahren hinzuweisen, Sicherheitsvorkehrungen zu erklären und das richtige Verhalten im Umgang mit dem Feuer zu üben. Und die Kinder haben die Möglichkeit, ihr Interesse und ihre Abenteuerlust mit dem Feuer zu stillen.

Lernen statt Verbieten

Das war schon immer so: Was verboten ist, interessiert Kinder besonders. Sie sehen hinter dem Verbot nicht die Gefahr, sondern wittern das Abenteuer. Sie tun das Verbotene heimlich, machen daraus eine Mutprobe und fühlen sich sehr stark dabei.

Heimliches Spielen mit dem Feuer aber ist gefährlich. Verhindern Sie diese heimlichen Zündeleien, indem Sie auf das Interesse der Kinder eingehen, ihnen vom Feuer erzählen, ihnen zeigen, was die Flammen machen, wie sie Materialien verbrennen oder schmelzen. Dabei haben Sie die Chance, gleichzeitig auf die Gefahren aufmerksam zu machen und den Kindern zu zeigen, wie man verantwortungsvoll mit dem Feuer umgeht.
Dann gibt es keinen Anreiz mehr, heimlich hinter der Hecke, im Keller oder zu Hause im Kinderzimmer zu zündeln. Dann wissen die Kinder, daß der Heuhaufen hinter der Ecke von einem brennenden Streichholz leicht Feuer fangen kann, daß die Holzkisten im Keller auch bei dem kleinsten Feuerchen schnell abbrennen und das Feuer sich rasch ausbreiten kann und daß schon eine kleine Kerzenflamme den Teppichboden im Kinderzimmer oder die Gardinen am Fenster entzünden kann und alles lichterloh brennen wird.

Was brennt?

Diese Informationen können vielleicht einmal lebensrettend sein!
Der „Spielplatz“ für das Feuer ist die Feuerstelle draußen im Garten, (siehe Seite 16). Bringen Sie verschiedene Dinge mit, und die Kinder können selbst testen, was brennt, wie schnell es brennt, was nicht brennt, was schmilzt oder was stark qualmt. Es sollten Materialien und Gegenstände sein, welche die Kinder kennen und mit denen sie spielen, zum Beispiel:

- dünnes und dickes Holz
- Papier und Pappe
- trockenes und feuchtes Gras
- trockene und feuchte Erde
- trockene und feuchte Blätter
- Sand und Kieselsteine
- kleiner Porzellanteller
- kleiner Blumentopf aus Ton
- Trinkglas
- Joghurtbecher
- Nagel und Schraube
- Blechbüchse
- Wolle
- Feder
- Schaumstoff
- Teppichboden-Rest
- Vorhangstoffrest aus Kunstfasern
- Baumwolltuch

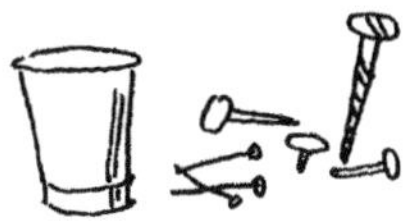

Und was lernen die Kinder dabei?
Sie werden zukünftig darauf achten, welche Dinge in der Nähe eines Feuers liegen, und sie wissen, ob es leicht entflammbares Material ist und welche Brandgefahren bestehen.

Wie löschen?

Ausblasen
Eine kleine Flamme kann man ausblasen (siehe Seite 13).

Ersticken
Größere Flammen sollte man ersticken, das heißt, dem Feuer die Luft zum Weiterbrennen nehmen (siehe Seite 30).

Mit Wasser löschen
Wenn Wasser auf das Feuer gegossen und die brennende Stelle dabei völlig überflutet wird, dann gehen die Flammen aus, weil sie keine Luft mehr bekommen. Doch soll man beim Löschen mit Wasser nicht in die Flammen zielen, sondern auf das brennende Material. Denn von hier aus lodern die Flammen auf.

Mit Sand oder Erde löschen
Sand brennt nicht und ist deshalb auch zum Löschen geeignet. Vor allem flüssiges Brennmaterial wird damit gelöscht.

Mit Schaum
Der einfache Feuerlöscher versprüht Schaum, der die Flammen erstickt.
An der Feuerstelle im Garten können die Kinder das Löschen mit Wasser, Sand und Erde selbst ausprobieren. Aber Vorsicht; zeigen Sie den Kindern ganz genau, wie es gemacht wird.

Die Erde spuckt Feuer

Ansteckende Neugierde

Seit Tagen erzählt Jonas von nichts anderem als von dem Vulkan, dem Berg, aus dem Feuerfunken fliegen und rotglühende Lava fließt. Jonas ist gerade vier Jahre alt geworden. Er weiß von der Welt dies und das, aber gewiß noch nicht viel. Doch die Sache mit dem Vulkan fasziniert ihn. Er malt feuerspeiende Berge, baut im Sandkasten große Vulkane und läßt Sand-Lava herunterrieseln, er denkt sich abenteuerliche Feuerberg-Geschichten aus, und Lava ist sein Lieblingswort. Diese Begeisterung steckt die anderen Kinder an, und sie wollen mehr über den Vulkan wissen.
Das ist ein Einstieg in ein faszinierendes und besonderes Thema der Erdgeschichte.

Der Vulkan

Auch wenn die Kinder nicht alles verstehen können, so finden sie es dennoch spannend zu wissen, daß die Erde durch Vulkane Feuer ausspuckt.
Diesen Vorgang können Sie den Kindern zum Beispiel so und etwas vereinfacht erklären:

Ganz weit unten in der Erde ist es sehr heiß. Da gibt es keine Felsen oder Steine, keine braune Erde und kein Meerwasser. Da gibt es nur flüssiges Gestein, das Magma heißt. Doch weil die Erdoberfläche aus einer festen und harten Felsenschicht besteht, kann das Magma nicht ausfließen. (Diese Aussage beruhigt die Kinder sehr!) An einigen Stellen der Erde aber gibt es Öffnungen oder Risse. Es sind die Vulkane, die tief in die Erde reichen, bis dorthin, wo das Magma ist. Durch diese Öffnungen kann das Magma entweichen. Es schießt hoch und fließt als rotglühende Lava heraus. Zusammen mit dem Magma werden Vulkanasche, Gase und Wasserdampf ausgestoßen.

Und was passiert dann?

Die Dämpfe und Gase ziehen als Rauch ab, die Ascheteilchen fallen als Staub zur Erde und die Lava erkaltet langsam zu Stein, dem Bimsstein.
Zeigen Sie den Kindern einen Bimsstein. Es gibt ihn in Drogerien zu kaufen. Er ist ein weicher Stein mit vielen Luftbläschen und so leicht, daß er auf Wasser schwimmen kann.

Ein sprühender Vulkan im Sandkasten

Der kleine Vulkan aus Ton kann genauso gut Feuer sprühen wie ein richtiger Vulkan. Das geht so:

Eine Plastikschüssel oder ein kleiner Eimer gibt die Form. Die Kinder klatschen und drücken soviel Ton auf diese Form, bis daraus ein kleiner Vulkanberg geworden ist. Oben auf dem Vulkan bleibt eine Krateröffnung frei, aus der später Feuerfunken sprühen. Zuerst aber muß der Vulkan einige Tage trocknen, dann kann die Form unter dem Vulkanberg wieder herausgenommen werden.

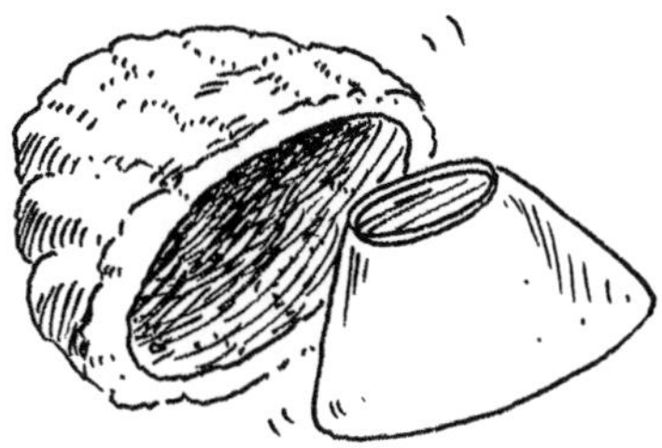

Jetzt aber geht es los: Der Vulkan wird im Sandkasten aufgestellt, eine Wunderkerze durch die Krateröffnung hineingesteckt und angezündet. Schon sprüht und zischt der kleine Vulkan und spuckt Feuer in die Luft!

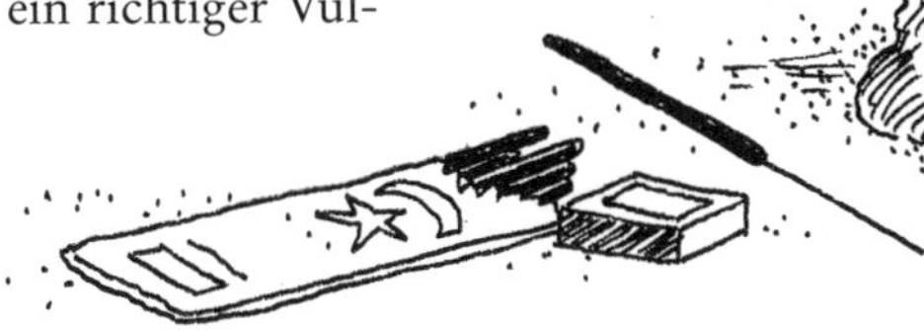

Der kleine, grüne, rotgetupfte Feuerdrache

Eine Phantasiegeschichte mit vielen Fortsetzungen

Dort, wo die Vulkane Feuer spucken und dabei gelbglimmende Feuersterne in den Himmel pusten und rotglühende Lava ausschütten ... dort ist das Land der Feuerdrachen.

Feuerdrachen wohnen in Drachenhöhlen. Dort schlafen sie auch. Wenn es ihnen nachts mal zu kalt ist, schütten sie einfach einen Eimer voll glühender Lava auf ihre Feuerstelle, dann wird es wohlig warm. Tagsüber sitzen die Drachenfamilien vor ihren Höhlen und schauen beruhigt dem Feuersternenspiel ihrer Vulkane zu.

Die großen Feuerdrachen fliegen hin und wieder auf den Kraterrand der Vulkane und veranstalten dort ein Feuer-Wettspucken. Aber das ist selten. Denn Feuerspucken ist anstrengend und manch einem Drachen geht dabei beinahe die Luft aus. Wer die größte und heißeste Feuerfahne spucken kann, ist Feuerdrachenkönig und darf bestimmen.

Schon neunmal hintereinander ist der große, grüne Feuerdrache Feuerdrachenkönig geworden. Er kann die schönsten Feuerfahnen pusten. Wenn er gut aufgelegt ist, spuckt er für seine rotgetupfte Feuerdrachenfrau schöne Feuerblumen. Und wenn er lustig aufgelegt ist, spuckt er für sein kleines, grünes, rotgetupftes Feuerdrachenkind viele Feuerreifen, durch die der Kleine begeistert hindurchspringt.

Doch bestimmen, wie er es als Feuerdrachenkönig tun sollte, das macht der große, grüne Feuerdrache sehr ungern. Das ist ihm zu anstrengend. Viel lieber sitzt er gemütlich vor seiner Drachenhöhle und bläst hin und wieder kleine Feuerbällchen in die Luft.

In der Drachenhöhle ist die rotgetupfte Drachenmama ständig am Putzen, weil die Wände von dem vielen Feuerspucken immer so rußig-schwarz werden und in allen Ecken und Ritzen Aschestaub liegt. „Du bist ein Putzdrachen", sagt der kleine, grüne, rotgetupfte Feuerdrachen zu seiner Drachenmama. Das will die Drachenmama aber nicht hören, deshalb jagt sie das Drachenkind mit einem heftigen Feuerschwall nach draußen. „Geh und übe Feuerspucken!" ruft sie ihm nach.

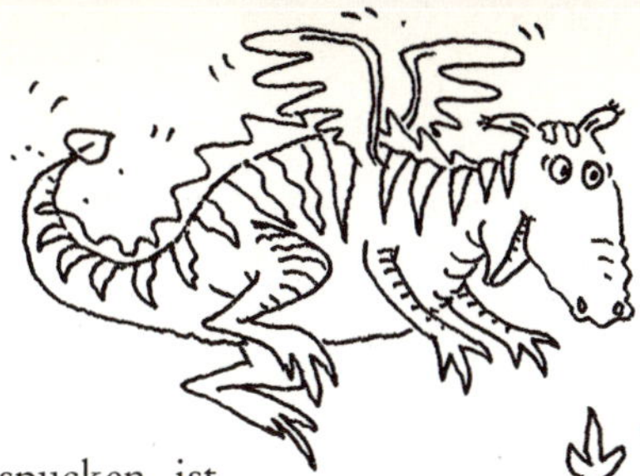

Die Sache mit dem Feuerspucken ist nicht einfach. Der kleine, grüne, rotgetupfte Feuerdrache kann nämlich noch gar nicht Feuerspucken. Immer wieder versucht er es. Er spuckt und bläst und prustet und schnaubt. Doch es qualmt nur eine kleine Rauchwolke aus seinem Drachenmaul, mehr nicht. Darüber ärgert sich der kleine, grüne, rotgetupfte Feuerdrache sehr. Aber sein Drachenpapa beruhigt ihn und erklärt: „Kleine Feuerdrachen können eben noch nicht Feuerspucken!“

Jetzt ist es dem kleinen, grünen, rotgetupften Feuerdrachen endgültig langweilig. Seine Drachenmama putzt die Drachenhöhle, sein Drachenpapa sitzt einfach herum und pafft Feuerbällchen, und er hat nichts zu tun.

Deshalb zieht der kleine, grüne, rotgetupfte Feuerdrache los und schaut sich nach einem Freund um. Das macht er immer so, wenn es ihm langweilig ist. Er muß nicht lange wandern, denn es gibt im Feuerdrachenland viele kleine Drachenkinder, denen es auch langweilig ist, weil zu Hause niemand mit ihnen spielt. Gleich um die Ecke wohnt das kleine, gelbe, rotgetupfte Feuerdrachenmädchen. Das ist seine liebste Freundin. Sie kann so schön singen. Aber er trifft auch gerne den kleinen schwarzen, rotgestreiften Feuerdrachenjungen. Der ist sehr frech und hat immer Streiche im Sinn. Da gibt es viel zu lachen! Dann ist da noch der kleine, rote, blaugekringelte Feuerdrachen. Der ist sehr gescheit und weiß viele Dinge. Und auch der kleine, blaue, gelbgefleckte Feuerdrache kommt oft dazu. Dann spielen die Feuerdrachenkinder Fangen und Weitsprung und üben das Fliegen.

Fortsetzung der Geschichte

Jeden Tag trifft der kleine, grüne, rotgetupfte Feuerdrache einen anderen Freund. Alle Drachenkinder haben eine schöne, bunte Drachenhaut, aber jeder sieht anders aus, und jeder weiß ein anderes Spiel...

So erfinden die Kinder im Kindergarten jeden Tag eine Fortsetzung dieser Geschichte und denken sich Spiele, Streiche und Kunststücke für die kleinen Feuerdrachen aus. Wie lange dauert diese Geschichte? Nun, solange die Kinder wollen. Und das kann sehr lange sein!

Damit die Kinder wissen, welche Freunde ihr kleiner, grüner, rotgetupfter Feuerdrache hat, können sie von jedem neuen Freund ein Bild malen und an die Wand hängen. Zum Schluß ist die ganze Feuerdrachenkinderbande an der Wand versammelt.

Feuerwerk und Leuchtrakete

Feuerblumen am Nachthimmel

Ein Feuerwerk ist immer ein beliebter Abschluß eines schönen Festes! Alt und jung, groß und klein schauen dann begeistert in den Himmel und rufen „Ah!“ und „Oh!“, wenn sich die bunt leuchtenden Feuerwerke vor dem dunklen Himmelszelt ausbreiten. Wie riesengroße Feuerblumen sehen sie aus. Krachend und knallend blühen sie auf, entfalten mehr und mehr ihre Feuerblütenblätter, verblühen und verglühen wieder und verschwinden schließlich spurlos im Dunkel des Nachthimmels.

Information für Schlaumeier:
Ein Feuerwerk ist eine Sprengladung, die in der Luft explodiert und dabei viele kleine Leuchtladungen hinausschleudert, die dann in unterschiedlichen Farben verbrennen, je nachdem, aus welchen Chemikalien sie zusammengesetzt sind.

Das Feuerwerk festhalten

Wenn Sie Erfahrung im Umgang mit Silvester-Feuerwerksraketen haben, dann überraschen Sie doch mal Ihre Kindergruppe mit einer einfachen Feuerwerksrakete, die Sie von der letzten Silvesterparty aufgespart haben. Die Aufregung wird groß sein!
Es ist nur schade, daß ein Feuerwerk so schnell vorbei ist und nichts mehr übrig bleibt – nur die Erinnerung an den wunderschönen Farbenzauber.
Bestimmt werden die Kinder jetzt Lust haben, ihr Feuerwerk auf einem Blatt Papier festzuhalten. Da kann es nicht mehr verschwinden.

Feuerkunstwerk

Mit Wachsmalkreiden wird ein Blatt Papier bunt angemalt. Ganz dicht und kräftig müssen die Farben aufgetragen werden, denn sie geben später die Leuchtfarben des Feuerwerks ab. Dann wird alles mit schwarzer Wachsmalkreide übermalt und zugedeckt, das ist der Nachthimmel. Jetzt kann mit einem spitzen Hölzchen, zum Beispiel einem Zahnstocher, oder einem Nagel, das Feuerwerk in die schwarze Fläche eingeritzt werden.

Leuchtrakete

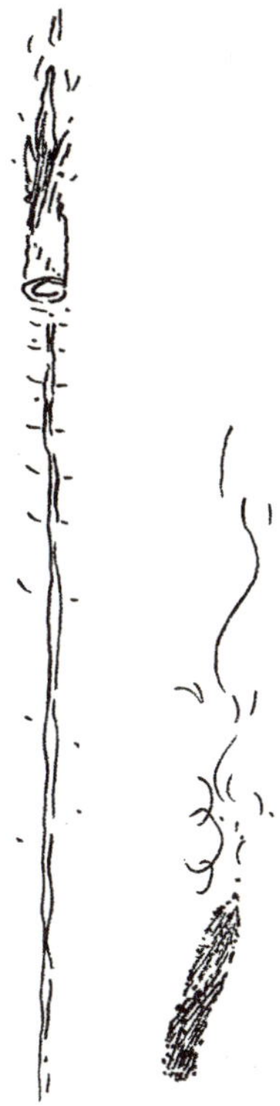

Diese Leuchtrakete wird in vielen Kindergärten als „Geburtstagsrakete“ eingesetzt, und die Kinder können es kaum erwarten, bis auch mal für sie eine Rakete aufsteigt. Das geht so:
Eine Papierserviette wird auseinandergefaltet, zu einer dünnen Röhre aufgerollt und auf einer Seite zusammengedreht. Das ist die Rakete. Die Startrampe ist ein Porzellanteller. Porzellan brennt nicht, das wissen die Kinder (siehe Seite 35). Die Rakete wird senkrecht aufgestellt, die zusammengedreht Spitze zeigt nach oben. An dieser Spitze zünden Sie jetzt die Rakete an. Der Raketenkörper beginnt zu brennen und hebt langsam ab, noch während der untere Teil der Rakete brennt. Doch, keine Sorge, die Rakete kann nicht sehr hoch steigen und das Papier verbrennt schnell. Zurück bleibt eine feine Aschenröhre. Sie hält anfangs wie ein Heißluftballon die erwärmte Luft zusammen, dann aber fällt die dünne Asche zusammen, schwebt nach unten und kann mit dem Teller aufgefangen werden.

TIP: Mehr über Heißluftballons steht in Band 2 „Luft“, Seite 78 und 79.

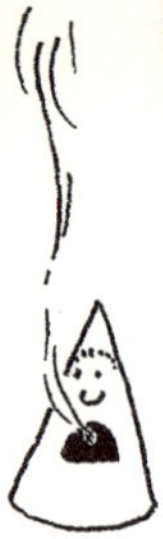

Ein Feuerfest im Kindergarten

Das Programm

Jetzt haben die Kinder so viel mit dem Feuer erlebt und über das Feuer erfahren, daß sie Spaß daran haben werden, ein Feuerfest mit ihren Eltern im Kindergarten zu feiern. Als Festprogramm können all die Aktivitäten und Spiele aufgenommen werden, die die Kinder bisher gemacht haben, zum Beispiel:

- Zu Beginn des Festes wird auf der Feuerstelle im Garten ein kleines Lagerfeuer entfacht, siehe Seite 16/17. Klar, daß dieses Feuer bewacht werden muß. Weil anfangs alle Kinder gleichzeitig die Feuer-Wache übernehmen wollen, ist es sinnvoll, eine Liste zu führen, in die sich die Kinder mit ihren Eltern eintragen. Jede Gruppe darf 5 Minuten Feuer-Wache halten.
- Feuerbilder auf große Papierbogen gemalt, schmücken die Wände, siehe Seite 18/19.
- Die Kinder führen ihren Feuertanz vor. Die Kostüme basteln sie am Festtag zusammen mit ihren Eltern, siehe Seite 20/21.
- Von den Kindern gebastelte Räuchermännchen schmücken die Tische, siehe Seite 27.
- Die Geschichte vom kleinen, grünen, rotgetupften Feuerdrachen wird erzählt, mit allen Fortsetzungen, die sich die Kinder dazu ausgedacht haben, siehe Seite 38/39. Daraus kann ein einfaches Figuren-Theater werden: Die Kinder malen von jedem Freund des kleinen Feuerdrachens ein großes Bild. Diese Bilder werden auf Karton aufgeklebt und einzeln an Stäben befestigt. Sobald in der Geschichte von einem neuen Freund des kleinen Feuerdrachens erzählt wird, hält ein Kind die entsprechende Drachenfigur in die Höhe.

Feuerbowle

Das ist ein Fruchtsaft aus gleichen Teilen von Orangensaft, Apfelsaft, Johannisbeer-saft, Sprudel und eingemachten Kirschen mitsamt dem Saft. Schmeckt eisgekühlt am besten.

Vulkan-Kekse

Aus einem einfachen Teig, zum Beispiel aus 250 g Mehl, 1/2 Päckchen Backpulver, 250 g Margarine, 125 g Puderzucker und 1 Päckchen Vanillinzucker, wird ein Teig geknetet und etwa 30 Minuten kalt gestellt. Dann formen die Kinder aus dem Teig viele kleine Vulkanberge, nicht höher als 3 cm. Das reicht etwa für 50 Vulkan-Kekse. Die Kekse auf ein bemehltes Backblech legen und 15 – 20 Minuten backen, bis sie goldgelb sind.

Feuerfest-Spiele

Feuerschlucker
Das große Gesicht des Feuerschluckers ist auf Karton gemalt. Er sperrt seinen rund ausgeschnittenen Mund weit auf und wartet gierig darauf, daß ein Spieler ihm einen Feuerball in den Rachen wirft. Der Feuerball ist ein rotes Papierknäuel.

Feuerlöscher
Eine brennende Kerze steht auf einem Kuchenblech (Zur Sicherheit, denn das Blech kann nicht brennen, das wissen die Kinder, siehe Seite 34/35). Mit einer mit Wasser gefüllten Spritzflasche versucht der Spieler in 2 bis 3 m Entfernung die Flamme zu löschen.

Feuerfunkenflug
In eine rote Holzperle werden feuer-farbige Bänder (siehe Seite 18) eingezogen und so festgeknüpft, daß die langen Enden an einer Seite heraushängen. Wenn die Perle geworfen wird, wehen und flattern die farbigen Bänder hinterher und sehen wie ein lodernder Feuerschweif aus. Gezielt werden muß in die „Feuerstelle", das ist ein roter Holzreif, der etwa 5 m entfernt liegt.

Feuersprung
Ein „Feuerreifen" hängt von einem Baum oder Klettergerüst herab. Es ist ein roter Holzreif, der mit vielen Transparent- oder Kreppapierflammen beklebt ist. Die Flammen haften an einem doppelseitigem Klebenband, das später wieder entfernt werden kann. Nun springen mutige Stofftier-Löwen, -Tiger oder -Katzen durch den „Feuerreif". Ob sie es schaffen? Die Spieler müssen ihnen dabei mit gezielten Würfen helfen.

Das Feuer

Text: James Krüss
Melodie: © Frank Stieper

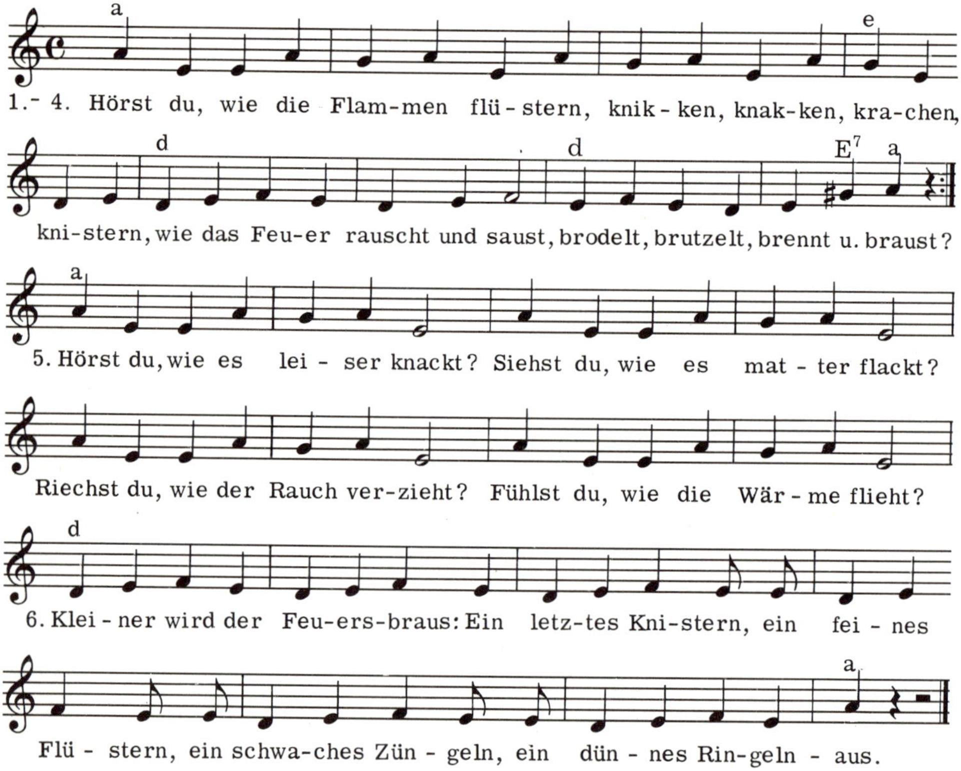

Hörst du, wie die Flammen flüstern,
knicken, knacken, krachen, knistern,
wie das Feuer rauscht und saust,
brodelt, brutzelt, brennt und braust?

Siehst du, wie die Flammen lecken,
züngeln und die Zunge blecken,
wie das Feuer tanzt und zuckt,
trockne Hölzer schlingt und schluckt?

Riechst du, wie die Flammen rauchen,
brenzlig, brutzlig, brandig schmauchen,
wie das Feuer, rot und schwarz,
duftet, schmeckt nach Pech und Harz?

Fühlst du, wie die Flammen schwärmen,
Glut aushauchen, wohlig wärmen,
wie das Feuer, flackrig-wild,
dich in warme Wellen hüllt?

Hörst du, wie es leiser knackt?
Siehst du, wie es matter flackt?
Riechst du, wie der Rauch verzieht?
Fühlst du, wie die Wärme flieht?

Kleiner wird des Feuers Braus:
Ein letztes Knistern,
ein feines Flüstern,
ein schwaches Züngeln,
ein dünnes Ringeln – aus.

2. Kapitel

Wärme und Hitze

Warm und heiß

Warm, wärmer, heiß!

Kennen Sie das Kinderspiel? Ein Gegenstand wird versteckt, einer muß suchen und wird von den anderen zum Versteck geführt, sie rufen zum Beispiel „warm", wenn der Suchende sich dem Versteck nähert, oder „kalt", wenn sich der Suchende wieder vom Versteck entfernt, und „heiß", wenn er sich ganz nahe beim Versteck aufhält. Dieses Feuerspiel ist bei den Kindern sehr beliebt. Was wird versteckt? Zum Beispiel ein feuerrotes Papierknäuel als „Feuerball".

Feuer erwärmt

Früher konnten die Kinder genau beobachten, wie das Feuer im Holz- oder Kohleofen brannte, und sie spürten, wie dann das Zimmer warm wurde. Oder sie konnten zusehen, wie das Feuer im Küchenherd die Suppe zum Kochen brachte.
Und was sehen die Kinder heute?
Mit einem Drehknopf werden die Heizkörper im Zimmer aufgedreht oder die Kochplatten auf dem Küchenherd eingeschaltet. Und wo bleibt das Feuer?
Zeigen Sie den Kindern, daß beim Erwärmen und Erhitzen immer Feuer „im Spiel" ist. Beginnnen Sie dabei mit der kleinen Kerze – und enden Sie bei den Heizkesseln im Keller (siehe Seite 57). Doch nun der Reihe nach:

Kerzenwärme

Ein Teelicht wird in ein Marmeladeglas gestellt und mit einem langen Streichholz angezündet. Die Kinder testen die Kerzenwärme. Sie halten immer wieder ihre Hände an das Glas. Dabei spüren sie, wie die Glaswand wärmer und wärmer wird. Wenn Sie nach ein paar Minuten ein weiteres Teelicht in einem anderen Marmeladeglas anzünden, dann können die Kinder die unterschiedlichen Wärmegrade, die an den Glaswänden zu spüren sind, vergleichen.
Achtung, nur am Glas die Wärme testen, nicht die Hand über die Öffnung der Gläser halten. Denn direkt über der Flamme ist es besonders heiß, und die Kinder könnten sich die Finger verbrennen. Es genügt, wenn Sie auf diese Gefahr hinweisen, denn diese Erfahrung haben die Kinder längst bei ihren Laternen-Kerzen gemacht.

Feuerhitze

Basteln Sie mit den Kindern aus Ton einen echten kleinen Herd. Dieser kann auf die Wiese oder auf eine Steinplatte gestellt werden und wird mit einem richtigen kleinen Grillfeuer angeheizt.

So wird der Herd aus Ton gebaut:
Zuerst eine tellergroße Platte formen, im Durchmesser von etwa 15- 20 cm, und etwa 1,5 cm dick. Dann links und rechts am Rand kleine Astgabeln aufstellen, in die Tonplatte drücken und den Ast ganz mit Ton einpacken. Das geht am besten, wenn viele kleine Tonkügelchen auf den Ast aufgedrückt werden, bis er vollständig zugedeckt ist. Jetzt am Rand der Tonplatte kleine Kieselsteine oder Tonkugeln aneinanderreihen, in die Tonplatte eindrücken und mit Ton die Lücken verschmieren. Dann den kleinen Herd ein paar Tage trocknen lassen. Der Ton braucht nicht gebrannt zu werden.

Am Spieß braten
Nun können die Kinder kleine Würstchen oder Gemüsestückchen braten. Diese werden auf einen Spieß aufgesteckt, der Spieß wird auf die beiden Astgabeln gelegt und ab und zu gedreht.

Das Grillfeuer
Kleine Grillkohlestückchen eignen sich am besten als Herdfeuer. Achtung, mit dem Braten warten, bis die Kohlestückchen nur noch glühen.

Feuerstellen

Unvergeßliches Abenteuer

Auf einer Feuerstelle im Freien Würstchen braten, Suppe kochen oder Brot backen, das ist für die Kinder ein unvergeßliches Abenteuer! Die Vorbereitungen dazu sind verglichen mit der Arbeit am Küchenherd vielleicht etwas aufwendig. Aber die Begeisterung und Freude der Kinder wird diesen Aufwand belohnen. Klar, daß die Kinder beim Aufbauen der Feuerstelle helfen. Dabei können Sie ihnen zeigen, auf was man dabei achten muß und welche Vorsichtsmaßnahmen wichtig sind.

Der richtige Platz
Sie können dafür einen Platz im Kindergarten auswählen (siehe Seite 16/17). Oder Sie suchen nach einem Spielplatz mit einer Feuerstelle und wandern oder fahren mit den Kindern dort hin. Wenn Ihr Kindergarten mitten in der Stadt ist, dann könnten Sie zum Beispiel den nächsten Sommerausflug zu einem Grillplatz planen.

Gewußt wie!

Ist die Feuerstelle sicher? Suchen und begutachten Sie gemeinsam mit den Kindern eine sichere Feuerstelle. Das muß dabei beachtet werden:

- Nicht direkt auf einer Wiese oder auf einem mit Laub bedeckten Boden die Feuerstelle anlegen. Der Untergrund sollte erdig oder steinig sein. Oder Sie graben in die Erde ein Loch, siehe Seite 16.
- Nachschauen, ob rund um die Feuerstelle leicht brennbares Material liegt, zum Beispiel trockenes Gras oder trockene, dünne Zweige. Das ist gefährlich, wenn Funken fliegen. Suchen Sie lieber einen anderen Platz oder sammeln Sie mit den Kindern das trockene Naturmaterial im Umkreis von etwa 2 m ein. Es kann für das Anzünden des Feuers verwendet werden.
- Die Feuerstelle rundum mit Steinen absichern, damit sich das Feuer bei einem Windstoß nicht ausbreiten kann.
- Schauen Sie sich genauer um. Steht ein Baum oder Busch sehr nahe? Dann ist der Platz für ein Feuer nicht geeignet, denn die lodernden Flammen könnten übergreifen.
- Schauen Sie auch direkt über der Feuerstelle in die Höhe. Reichen Zweige eines großen Baumes über die Feuerstelle? Diese könnten bei großer Feuerhitze anfangen zu brennen. Der Platz ist also zu gefährlich.

Einen Herd aufbauen

Aus Stein
Mit großen Steinen kann man schnell einen Herd bauen. Ein Grillgitter oder ein altes Kuchengitter wird als Herdplatte darübergelegt. Wenn Sie Suppe kochen wollen, dann genügen drei gleichhohe Steine, auf die Sie einfach den Suppentopf stellen.

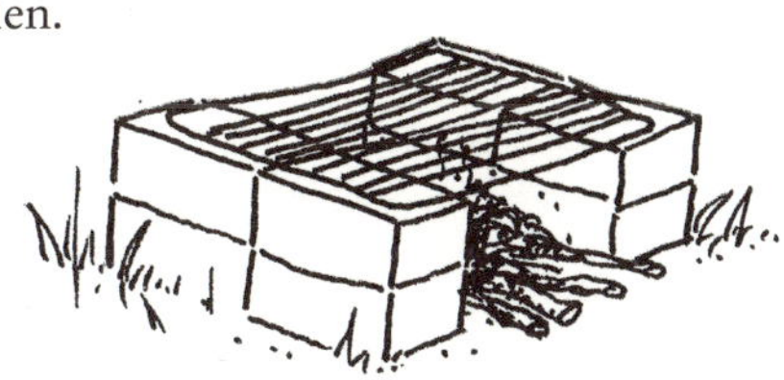

Aus einem alten Topf
Wenn Sie einen alten gußeisernen Topf haben, kann er als Herd gute Dienste leisten. Das Holz oder die Grillkohle wird in den Topf gefüllt und angezündet. Dann das Feuer bis zur Glut abbrennen lassen, ein Grillgitter über den Topf legen – und schon kann man die Würstchen darauf braten.

Im Erdloch
Das ist auf Seite 16 bereits beschrieben.

Auf die Glut kommt es an!

Ein Feuer mit lodernden Flammen ist weniger geeignet zum Wurstbraten und Suppekochen. Die Flammen brennen nur die Wursthaut an, so daß sie schwarz wird und bitter schmeckt. Oder färben den Topf rußig schwarz, ohne daß dabei große Hitze zum Wasserkochen entsteht. Es ist die rote Glut, die man zum Kochen und Braten braucht. Sie strahlt die größte Hitze aus. Deshalb heißt es beim Grillfeuer: Abwarten, bis im Feuer nur noch kleine Flämmchen um die heiße Glut züngeln, dann kann das Würstchenbraten beginnen (Tips fürs Wurstgrillen siehe nächste Seite)

Braten, Backen und Kochen

Würstchen

Am besten gelingen die Bratwürstchen, wenn man die Wursthaut an beiden Enden kreuzweise einschneidet.

Wurstspieß
Hierfür eignen sich Äste mit einer Astgabel. Da kann die Wurst am Spieß nicht mehr verrutschen. Die beiden Zweige der Astgaben können mit einem Messer zugespitzt werden. Diese Schnitzarbeit sollten jedoch Erwachsene machen!
Natürlich kann man die Wurst auch einfach an einem langen Ast der Länge nach aufspießen.

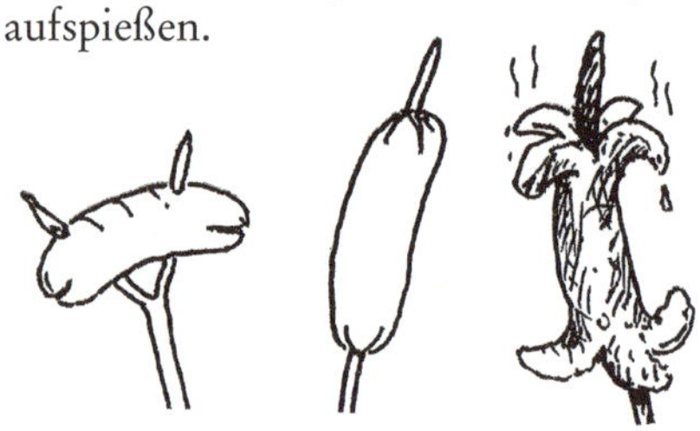

Selbstgemachtes Ketchup

Eine große Dose Tomatenmark wird mit folgenden Zutaten gewürzt: Jeweils einen Teelöffel Muskat, Ingwer, Zimt, Zucker oder Honig, dazu etwas Salz und Pfeffer und 1 bis 2 Eßlöffel Öl. Mit Wasser kann die Soße verdünnt werden. Alles zusammen in einem Topf erhitzen – fertig.

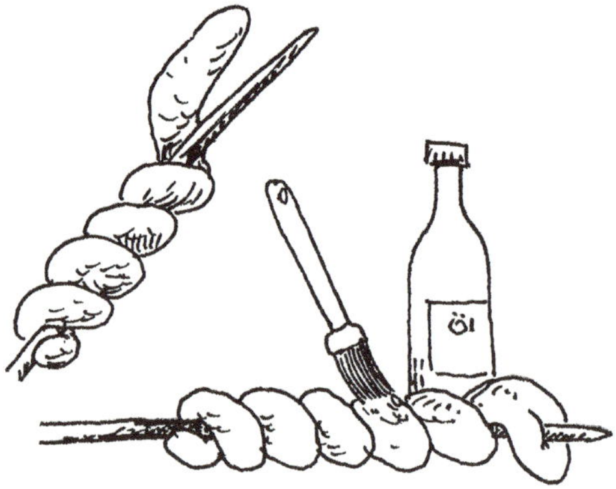

Stockbrot

Mehl, Backpulver, etwas Salz und Wasser zu einem Teig kneten. Dieser darf nicht zu weich sein und an den Fingern kleben. Ist das der Fall, noch etwas Mehl dazugeben. Dann nimmt jedes Kind ein kleines Stück von dem Teig, rollt ihn zu einer langen, etwa 2 cm dicken Wurst, wickelt diese in großen Spiralen um einen Stock und bestreicht den Teig mit Öl. Nun das Stockbrot über die Glut halten und immer wieder drehen, bis das Brot goldbraun gebacken ist. Das kann 10 oder 15 Minuten dauern, je nachdem, wie dick das Stockbrot ist. Zum Schluß wird das Stockbrot abgezogen und etwas abgekühlt. Schmeckt prima!

Gemüsesuppe

Dieses Grundrezept kann beliebig variiert werden. In einer Gemüsesuppe schmecken besonders gut Karotten, Lauch, Zucchini, Blumenkohl, Kohlrabi und Kartoffeln. Das Gemüse wird kleingeschnitten, dabei können die Kinder helfen. Dann im Topf Butter schmelzen und das Gemüse darin dünsten, mit Wasser ablöschen und Salz, Pfeffer und Gemüsesuppenwürfel dazugeben. Die Suppe etwa 15 Minuten köcheln lassen. Zum Schluß Schnittlauch und Petersilie darüberstreuen.

Suppentopfstange
Den Suppentopf kann man auf das Grillgitter stellen oder an einen dicken Stab hängen, der mit einem Stein und einer Haltestange festgeklemmt wird.

Gebackene Bananen

Das ist ein besonders leckerer Nachtisch für die Kinder, den sie ebenfalls selbst zubereiten können.
Die Banane wird einfach auf den Grillrost gelegt. Wenn die Schale braun gebraten ist, die Banane auf einen Teller legen (Vorsicht heiß!) und einen schmalen Streifen der Schale abziehen. Jetzt kann man die Banane mit Honig oder Zuckerzimt süßen und mit einem kleinen Löffel direkt aus der Schale essen.

Der Küchenherd

Wenn die Kinder an einem Grillfeuer Suppe gekocht oder Würstchen gebraten und Brot gebacken haben, dann wissen sie, was das Feuer beim Kochen und Backen mit seiner Hitze leistet. Doch wie funktioniert das Kochen und Braten am Küchenherd?

Früher

Im Heimat- oder Bauernmuseen haben die Kinder vielleicht mal einen alten Küchenherd gesehen: Da mußte die Köchin noch Feuer schüren, die Töpfe und Pfannen wurden auf einen Feuerring gestellt und der Rauch zog durch den Kamin oder ein Ofenrohr.

Heute

Heute kocht, backt und brät die Hausfrau auf einem Gasherd, Elektroherd oder in einem Mikrowellenherd.
Beim Gasherd können die Kinder die Flamme noch sehen. Beim Elektroherd ist – je nach Bauart – nur noch eine glühende Heizspirale zu sehen oder eine Herdplatte, die bei starker Hitze leicht rötlich wird. Beim Mikrowellenherd sehen die Kinder gar nichts mehr. Die Speisen werden einfach hineingestellt und nach wenigen Minuten heiß dampfend wieder herausgeholt.

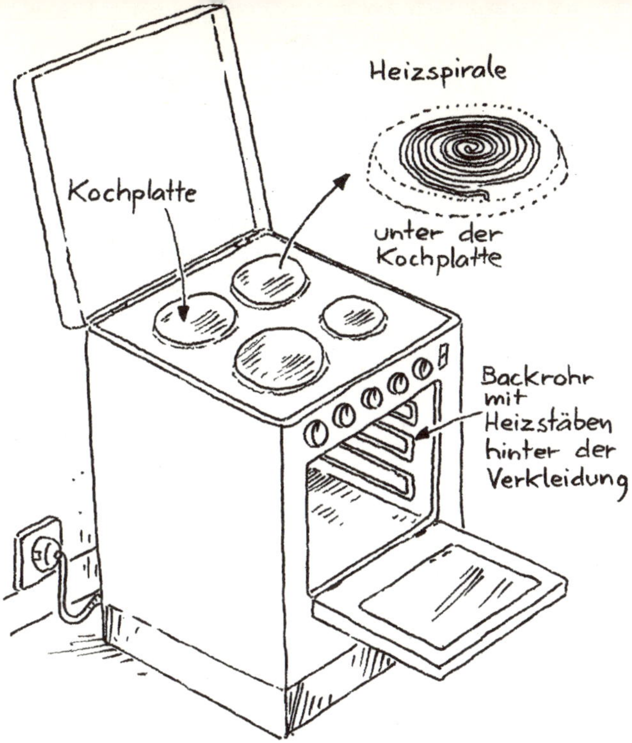

Wie funktioniert der Küchenherd?

Gehen Sie mit den Kindern in die Küche des Kindergartens und erklären und zeigen Sie, wie dieser Herd funktioniert. Woher die Hitze kommt, wie und wo die Kochplatten oder das Backrohr heiß werden, warum die Herdwand und die Schalter nicht heiß werden…

Dabei sollten die Kinder wiederum lernen, vorsichtig mit dieser Hitzequelle umzugehen. Nachfolgend ein Vorschlag, wie Sie auf einfache Weise Kindern ihren Küchenherd erklären können.

Elektroherd

Wenn der Schalter aufgedreht wird, kann Strom zu den Herdplatten fließen.

Auf die Kochplatten werden Töpfe und Pfannen gestellt, die dann erhitzt werden. Unter der Kochplatte ist eine Metallspirale. Wenn durch diese Spirale Strom fließt, wird sie heiß, beginnt zu glühen und gibt die Hitze an die Kochplatte weiter.

Aufgepaßt, wenn die Kochplatte glüht und kein Topf drauf steht, ist das sehr gefährlich! Dann muß man sofort einen großen Topf auf diese Herdplatte stellen und mit kaltem Wasser auffüllen. Vorher natürlich die Platte abstellen.

Im Backrohr sind Metallstäbe, die sich erhitzen, wenn Strom durchfließt. So wird die Luft im Backrohr heiß. In dieser Heißluft kann der Kuchen gebacken werden.

Wo kommt die Wärme her?

Die Kinder schauen sich im Kindergarten um. Sie testen, wo etwas warm oder heiß ist. Sie überlegen, woher diese Wärme kommt, und besprechen, wo sie überall Wärme oder Hitze brauchen. Dabei kommt es auch auf die Jahreszeit an.

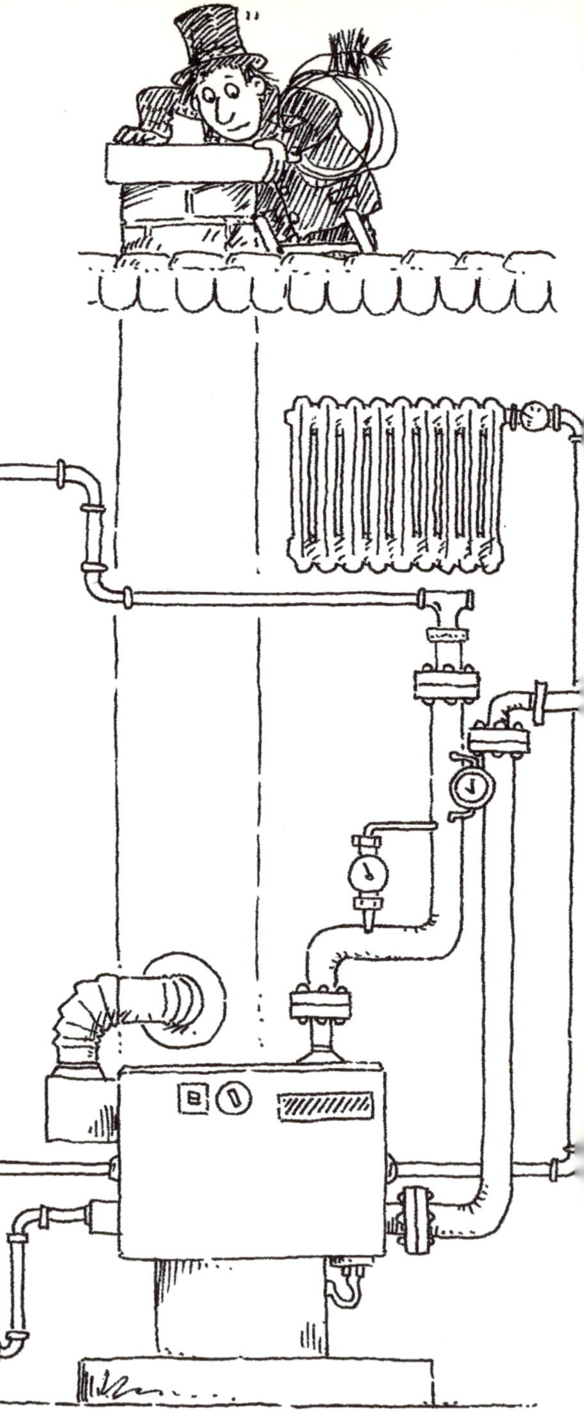

Auf Entdeckungsreise

Machen Sie mit den Kindern eine Entdeckungsreise durch das Kindergartengebäude, also auch zum Waschraum, zur Küche, zu Kammern und Kellerräumen. Die Kinder testen die Heizung, schauen sich Herd und Backofen an, suchen in allen Räumen nach Heizkörpern, sei es ein alter Kohleofen, ein großer Kachelofen, ein Heizkörper der Zentralheizung oder eine Fußbodenheizung. Die Kinder entdecken die Zuleitungsrohre. Sie testen das fließende Warmwasser und schauen nach, woher es kommt. Vielleicht gibt es auch einen Heißwasser-Boiler oder andere Geräte, mit denen Luft oder Wasser erhitzt werden.

Lernziel: Vorsicht und Sicherheit

Wandern Sie in kleinen Gruppen los, dann können die Kinder besser schauen, und Sie haben den Überblick, was die Kinder betrachten oder anfassen wollen. Planen Sie für diesen Rundgang ausreichend Zeit, damit Sie die neugierigen Kinderfragen beantworten und alle Dinge ausführlich erklären können. Denn auch diesmal geht es nicht nur um Information und Sachwissen, sondern auch um Vorsicht und Sicherheit. Das können Sie den Kindern bei dieser Entdeckungsreise vermitteln.

Im Keller

Im Keller wird der Rundgang für die Kinder besonders spannend. Denn dort sind die größten Anlagen zu bestaunen. Zeigen Sie den Kindern, wohin all die Rohre und Leitungen führen. Lassen Sie die Kinder auch in den Heizraum schauen.

Der Kamin

Immer dort, wo Feuer ist, muß es auch einen Abzug für den Rauch geben. Draußen im Freien ist das ganz einfach, da steigt der Rauch einfach in die Höhe und verschwindet. Aber im Haus? Wir müßten ganz schön husten und bekämen vielleicht keine Luft mehr, wenn der Rauch der Zimmerheizung durch das Zimmer ziehen würde, um durch ein geöffnetes Fenster ins Freie zu kommen.
Lassen Sie die Kinder die Antwort auf die Frage nach dem Rauch selbst herausfinden.
Und wo ist der Kamin? Wie kann der Rauch dort abziehen?

Wenn der Kaminfeger kommt

Wenn nächstes Mal der Kaminfeger kommt, dann sollten die Kinder zusehen, wie er unten im Kaminschacht ein Türchen öffnet und Asche herausfegt. Vielleicht können die Kinder auch vom Garten aus beobachten, wie der Kaminfeger auf das Dach klettert und den Schornstein reinigt.

Brennstoffe

Wenn die Kinder mehr über die Heizung wissen wollen und sich dafür interessieren, was in den Heizkörpern brennt, dann können Sie ihnen von den verschiedenen Brennstoffen erzählen:

Holz

Zuerst haben die Menschen mit Holz ihre Öfen geheizt. Holz ist fast überall zu finden. Auch heute noch wird mit Holz eingeheizt.

Holzkohle

Holzkohle wird aus Holz gemacht, in dem dieses in geschlossenen Behältern unter Luftabschluß erhitzt wird (siehe auch Seite 29). Dabei entweicht Feuchtigkeit aus dem Holz. Man nennt dies Verschwelen. Die so entstandene Holzkohle ist hart und leicht. Ein Feuer mit Holzkohle kann viel heißer werden als ein normales Holzfeuer.

Kohle

Kohle ist in der Erde zu finden. Dort lagert sie schon unendlich viele Jahre, sogar Jahrmillionen. Es sind die versteinerten Pflanzenreste von großen Wäldern, die einmal in den Sümpfen versanken, allmählich zu Torf wurden (auch trockener Torf ist ein Brennstoff), immer mehr austrockneten und unter der Last neuer Erdschichten, die sich in der Zwischenzeit darüber ablagerten, zu Kohle zusammengedrückt wurden.

Die Braunkohle
Sie liegt meist nicht sehr tief unter der Erdoberfläche und kann im Tagebau mit Schaufelbaggern ausgehoben werden.
Beim Verbrennen von Braunkohle entweichen mit dem Rauch viele Giftstoffe und führen zu einer starken Luftverschmutzung.

Die Steinkohle
Sie liegt bis zu 1500 m tief unter der Erde. Deshalb müssen Schächte und Stollen gebohrt werden, damit die Bergleute in dieser Tiefe mit Schneidemaschinen die Kohle abgraben können. So ein Kohlebergwerk unter Tage kann groß wie ein Dorf sein. Dann sind die Transportfahrzeuge richtige Züge.
Steinkohle gibt eine noch stärkere Hitze ab als Braunkohle, wobei der abziehende Rauch weniger giftig ist.

Erdöl

Ölquellen liegen in Hohlräumen tief unter der Erde, manchmal über 3000 m tief. Erdöl entstand wie Kohle in vielen Jahrmillionen aus Resten von Pflanzen und Tieren. Das Rohöl ist dick- oder dünnflüssig und sieht rot, grün, braun, gelb oder schwarz aus. Es wird in Stahlrohren hochgepumpt. Oft sprudelt es auch selbst aus der Erde hervor. Wie kommt das? Weil die Ölquellen so tief unter der Erde sind, drücken die darüberliegenden Erd- und Gesteinsschichten mit ihrem ungeheuren Gewicht auf die Ölquellen, so daß das Öl in hohem Bogen aus der freigelegten Öffnung herausspritzt.
Ein Beispiel zur Erklärung: Eine Luftmatratze wird stark aufgepumpt und zugestöpselt. Dann setzen sich zehn Kinder auf die Matratze und drücken mit ihrem Gewicht auf die eingeschlossene Luft, wie die Gesteinsschichten auf die Erdölquelle drücken. Wenn man nun den Stöpsel wieder herauszieht, dann zischt die Luft mit starkem Druck heraus, so wie das Erdöl aus der Erde heraussprudelt.
Erdöl hat beim Verbrennen eine noch höhere Temperatur als Kohle oder Holz und verursacht weit weniger Luftverschmutzung.

Erdgas

Erdgas lagert wie Erdöl tief unter der Erde und wird durch eine feste und luftundurchlässige Gesteinsschicht daran gehindert, nach oben zu dringen. Ebenfalls durch Bohrungen werden diese Gasfelder geöffnet. Normalerweise ist Gas weder zu sehen noch zu riechen. Doch das ist sehr gefährlich. Denn Gas kann bei dem kleinsten Feuerfunken explodieren. Deshalb hat man zur Sicherheit dem Gas einen besonderen, unangenehmen Geruch beigefügt. Jetzt riecht man sofort, wenn eine Gasleitung undicht ist und irgendwo Gas ausströmt.
Das Gas hat eine besondere Eigenschaft: Es wird flüssig, wenn es unter großen Druck gesetzt wird. So kann man aus 600 Liter Gas 1 Liter flüssiges Gas machen und natürlich viel einfacher transportieren. Gasflaschen, wie sie zum Beispiel bei Campingkochern verwendet werden, enthalten dieses flüssige Gas.
Gas erzeugt beim Verbrennen die größte Hitze, verglichen mit Kohle oder Erdöl.

Und wie wird daraus Strom?

Mit den Brennstoffen (siehe Seite 58-59) kann Strom erzeugt werden. Doch dazu braucht man Feuer. Wie das funktioniert, können Sie den Kinder auf diese etwas vereinfachte Weise erklären:

Mit Feuer und Wasserdampf

Der Brennstoff, das kann Kohle, Erdöl oder Gas sein, wird in großen Kesseln verbrannt. Dabei entsteht eine starke Hitze. Mit dieser Hitze wird Wasser zum Kochen gebracht, bis es siedet und verdampft, so wie auch das Wasser in einem Topf auf dem Küchenherd sieden und verdampfen kann.

Das Wasser fließt in geschlossenen Rohren durch den Dampfkessel. So kann es gut erhitzt werden und sich auch in Wasserdampf verwandeln, aber dieser Dampf kann nicht, wie im Topf auf dem Küchenherd, in die Luft entweichen. Er bleibt in den Rohren und wird zu großen Turbinen weitergeleitet. Dort wird der Wasserdampf auf die Schaufeln eines Turbinenrades geblasen, das sich zu drehen beginnt. Diese Turbinenräder sind über eine Achse mit einem Generator verbunden. So wird mit der Drehbewegung der Turbine gleichzeitig dieser Generator in Bewegung gesetzt. Diese Drehkraft wird im Generator in elektrischen Strom verwandelt. Der Strom wird in elektrischen Leitungen weitergeleitet.

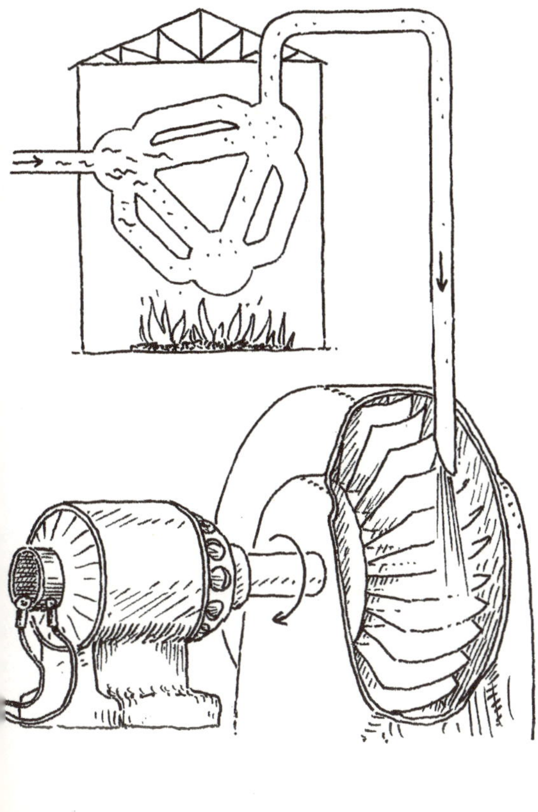

Ein Fahrrad-Experiment

Bei einer Fahrradlampe wird der Strom im Dynamo auf ähnliche Weise hergestellt. Der Strom, der dabei entsteht, ist sehr schwach und deshalb absolut ungefährlich. Doch er reicht für den Schein der Fahrradlampe aus. Führen Sie mit den Kindern dieses Experiment durch, sie werden beeindruckt sein.
Stellen Sie das Fahrrad so auf, daß sich das Vorderrad mit dem Dynamo in der Luft drehen und mit der Hand in Bewegung gesetzt werden kann. Dann geht es los: Den Dynamo gegen den Reifen klemmen und das Rad so schnell es geht antreiben. Gleichzeitig dreht das Antriebsrad des Dynamos mit – und die Fahrradlampe leuchtet auf.

Information für Schlaumeier:
Das Antriebsrädchen des Dynamos ist über eine Achse mit einem Magnet verbunden. Wenn dieser sich dreht, entsteht ein Magnetfeld, das Strom zum Fließen bringt, der durch einen dünnen Draht zur Fahrradlampe weitergeleitet wird.

Feuer, Wasser und Luft

Dampfboot

Feuer erhitzt Wasser und verwandelt es in Dampf. Dieser Dampf kann Maschinen in Bewegung setzen, wie auf den Seiten 60 und 61 beschrieben ist. Bei diesem kleinen Dampfboot können die Kinder diesen Vorgang genau beobachten.

So wird das Boot gebastelt:
Aus einem dünnen, flachen Stück Holz oder Styropor wird die Form des Bootes ausgesägt, etwa 10-15 cm lang. Als „Dampfkessel" eignet sich ein ausgeblasenes Ei oder ein Blechröhrchen, wie es als Behälter für Zigarren verwendet wird. Der „Dampfkessel" braucht ein Loch, aus dem der Dampf entweichen kann. Also muß beim ausgeblasenen Ei das zweite Loch wieder verklebt und beim Röhrchen ein Loch in den Deckel gebohrt werden.

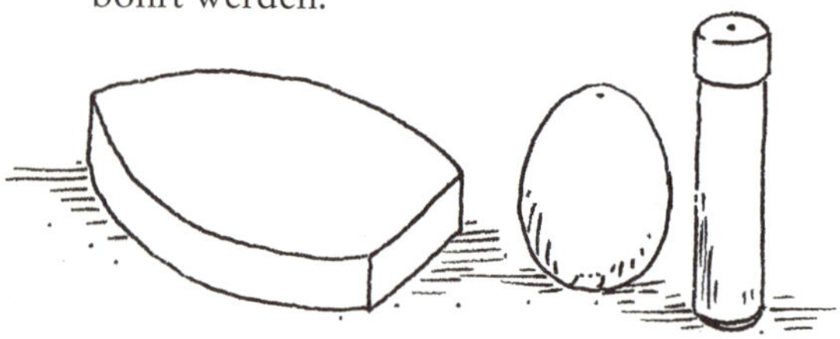

Nun hämmern Sie vier Nägel in das Boot. Diese müssen so eng zusammenstehen, daß das Ei oder das Röhrchen daraufgelegt werden kann. Und die Nägel müssen so lang sein, daß unter den „Dampfkessel" noch ein Teelicht aufgestellt werden kann.

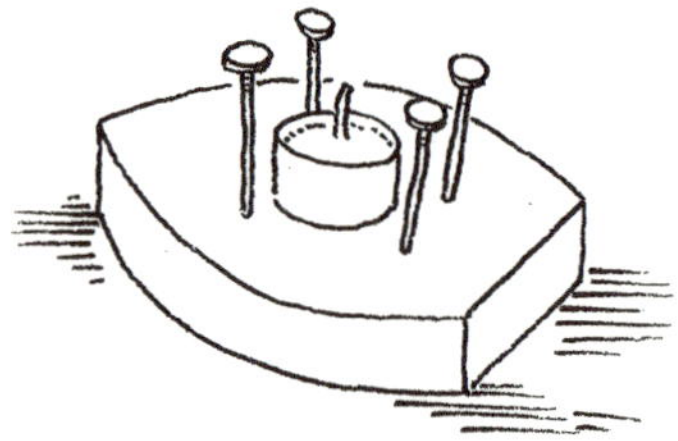

Nun kann es losgehen: Das Boot wird zu Wasser gelassen, der „Dampfkessel" knapp zur Hälfte mit Wasser gefüllt und das Teelicht angezündet. Es dauert ein paar Minuten, bis die Flamme das Wasser im Behälter erhitzt und zum Kochen bringt. Zuerst kommt nur ein feiner Rauch aus dem „Dampfkessel". Doch dann wird der Dampf stärker, pafft aus dem „Dampfkessel", und das Boot setzt sich langsam in Bewegung.

Feuerkarussell

Feuer erhitzt die Luft, die heiße Luft steigt nach oben und kann ein Rädchen in Bewegung setzen. Dies beobachten die Kinder bei dem kleinen Karussell.

So wird das Karussell gebastelt:
Ein Stück Holz oder Styropor ist als Boden so breit, daß darauf drei oder vier Teelichter Platz haben. In die Mitte wird ein Loch gebohrt, genauso so groß, daß ein 12 cm langer Zimmermannsnagel durchgeschoben werden kann und fest eingeklemmt ist.

Nun schneidet man aus Papier und aus Metallfolie jeweils einen Kreis im Durchmesser von etwa 12 cm. Den Papierkreis dreimal falten, so wie man Faltdeckchen zusammenlegt. Dann den Papierkreis wieder auseinanderfalten, jetzt hat er 8 Falzlinien in gleichem Abstand.

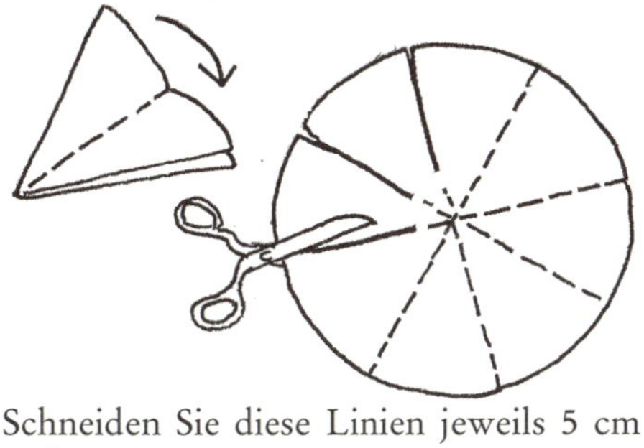

Schneiden Sie diese Linien jeweils 5 cm tief ein.

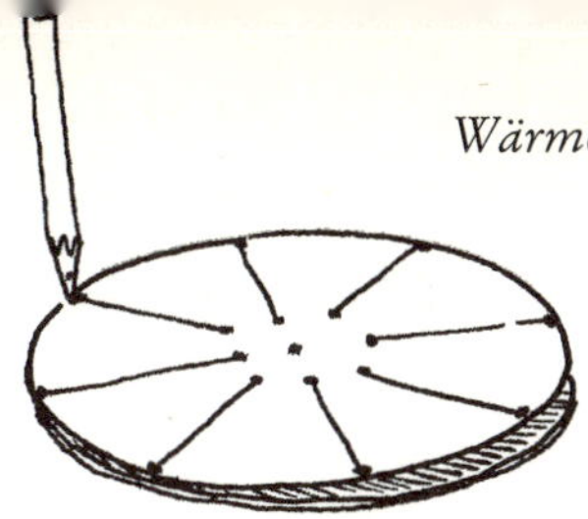

Übertragen Sie diese Schnittlinien auf die Metallfolie, indem Sie den Papierkreis auflegen und mit einem spitzen Bleistift am Anfang und Ende eines jeden Schnittes einen kleinen Punkt eindrücken. Auch den Mittelpunkt des Kreises kennzeichnen.
Schneiden Sie nun in den Metallkreis die Schnitte ein. Es entstehen 8 „Schaufeln“. Biegen Sie die rechte Seite jeder Schaufel gleichmäßig nach unten.

Jetzt wird das Karussell zusammengebaut. Dabei den Boden des Karussells so aufstellen, daß der Zimmermannsnagel hochsteht. Auf die Spitze des Nagels das Karussellrad auflegen, so daß die gebogenen Schaufelecken nach unten zeigen. Dann werden die Teelichter auf den Boden gestellt und angezündet. Nach kurzer Zeit beginnt sich das kleine Karussell zu drehen, angetrieben von der vom Feuer erhitzten Luft.

Die großen Brennöfen

Die Kinder kennen ein kleines Grillfeuer und ein großes Lagerfeuer, sie wissen, wie die Heizung funktioniert und wie der Küchenherd in Gang kommt. Vielleicht gibt es in der Nähe des Kindergartens eine Bäckerei, Töpferei oder eine Porzellanfabrik? Dann könnten Sie den Kindern noch einen ganz großen Brennofen zeigen.

Bäckerei

Auch der Ofen einer Bäckerei ist beeindruckend groß und reicht für viele Brote, Brötchen oder Kuchen. Schön wäre es, wenn ein Bäcker sich die Zeit nehmen könnte, den Kindern seinen Backofen zu zeigen. Fragen Sie doch einfach danach!

Backhaus

Früher, als es in den Küchen noch keinen Herd mit einer Backröhre gab, brachten die Frauen ihre Brote und Kuchen in das Backhaus. Noch mancherorts ist so ein Backhäuschen erhalten oder im Heimatmuseum zu besichtigen. Da staunen die Kinder, wenn sie sehen, wie groß der Ofen eines Backhauses ist. Es passen viele Brote oder Kuchen auf einmal hinein. Haben Sie die Möglichkeit, mit den Kindern ein Backhaus anzuschauen?

Töpferei

Der Besuch einer Töpferei ist spannend. Hier kommen von Hand geformte Tongefäße in den Brennofen. Nach dem Brennen ist der Ton fest und hart geworden, aber auch zerbrechlich.
Wenn die Kinder selbst kleine Tongefäße geformt haben und diese getrocknet sind, dann dürfen sie sicher zuschauen oder sogar helfen, wenn ihre kleinen Gefäße in den Brennofen gesetzt werden.
Vielleicht haben der Töpfer oder die Töpferin Zeit für die Kinder, und sie erzählen mehr von ihrem Handwerk. Die Kinder werden sicher viele Fragen haben.

Schmelzöfen

In großen Brennöfen wird ein weicher Teig zu festen Broten gebacken oder getrockneter Ton zu festen Gefäßen erhärtet. Etwas ganz anderes passiert in einem Schmelzofen. Dort wird das Material in der Feuerhitze nicht hart, sondern das Gegenteil: Es wird geschmolzen und flüssig.

Gießerei

In einer Eisen- oder Metallgießerei wird das Material in Schmelzöfen so stark erhitzt, daß es schmilzt und flüssig wird und in Formen gegossen werden kann. Erst wenn das Material wieder abgekühlt ist, ist es wieder fest und hart. Zeigen Sie den Kindern solche gegossenen Gegenstände, zum Beispiel Eßbesteck, Schlüssel, Glocken oder gußeiserne Pfannen.

Glashütten

Auch Glas wird in einem Schmelzofen erzeugt. Es besteht aus Sand, Soda und Kalk. Der Glasbläser nimmt mit einem langen Rohr eine kleine, rotglühende Glaskugel aus dem Schmelzofen und bläst dann durch das Rohr Luft in die glühende Kugel. Diese wird größer und größer und sieht wie ein kleiner Glasluftballon aus, der sich formen und biegen läßt, solange er heiß ist. Kühlt das Glas ab, erstarrt der geformte Glaskörper und bleibt erhalten.

Wachs gießen

Die Technik des Schmelzofens verstehen die Kinder, wenn sie Wachs schmelzen und in Formen gießen.

Wachs schmelzen
Auf einem Rechaud einen kleinen Topf mit Stiel und Ausgußschnabel stellen, Wachsreste und Kerzenstummel einfüllen und schmelzen lassen. Mit einem alten Kochlöffel die Dochtreste herausfischen. Dann neue Dochte zuschneiden und mit einer alten Pinzette mehrmals kurz in das flüssige Wachs tauchen. Dann auf einen Teller legen und abkühlen lassen, so daß die Dochte steif werden.

Wachs gießen
Kleine Formen zurechtlegen, das können Sandförmchen, kleine Büchsen oder Becher sein. Das Gefäß zuerst nur zur Hälfte mit Wachs auffüllen und abkühlen lassen. Wenn das Wachs eine dünne Haut bekommt, den Docht hineinstecken. Ist das Wachs hart geworden, eine weitere Schicht dazugießen, abkühlen lassen, den Docht, wenn nötig, aufrichten – fertig.
Diese Arbeit ist scheinbar kinderleicht, doch ist größte Vorsicht beim Umgang mit dem flüssigen, heißen Wachs geboten.

3. Kapitel

Licht und Schatten

Ich und mein Schatten

Mein Schatten gehört zu mir

Wenn die Kinder plötzlich ihren eigenen Schatten entdecken, ist das sehr aufregend. Sie bestaunen ihr dunkles Ebenbild, schauen aufmerksam zu, wie dieser Schatten jede ihrer Bewegungen ganz genau nachmacht und auch die allerkleinste Bewegung mit dem kleinen Finger nicht verpaßt. Sie finden es faszinierend, daß der Schatten sich niemals von ihnen trennt. Nur wenn sie hüpfen oder schaukeln oder an der Kletterstange hangeln, dann bleibt der Schatten auf dem Boden: Aber er macht immer noch alle Bewegungen nach.
Die Kinder beginnen, mit ihrem Schatten zu spielen, freunden sich mit ihrem Schattenbild an und schauen immer wieder nach, ob dieser dunkle Freund auf dem Boden noch da ist.

Den Schatten entdecken

Wenn die Sonne scheint, heißt es nichts wie hinaus. Doch bleiben Sie kurz vor dem Eingang gleich wieder stehen. Einige Kinder werden es bemerken, auch stehenbleiben und sie erstaunt anschauen: Was ist los?
„Schau mal, da geht jemand mit mir!" sagen Sie mit geheimnisvoller Stimme zu den Kindern. Jetzt wundern sich die Kinder noch mehr, denn weit und breit ist niemand sonst zu sehen.
„Da ist jemand ständig bei mir und macht mir alles nach! Schaut mal, wenn ich winke, dann winkt er zurück! Wenn ich hüpfe, hüpft er auch! Und wenn ich stehenbleibe, steht er auch still!"
Jetzt erst zeigen Sie auf Ihren Schatten: „Hier ist er, da – auf dem Boden!"
Die Kinder haben das Spiel verstanden. Und gleich wird sich jedes Kind nach seinem eigenen Schattenbild umsehen.

Schatten-Zwilling

Ein lustiges Spiel beginnt: Kann der Schatten-Zwilling auch die Hände hochhalten, mit den Fingern wackeln, die Füße schlenkern, sich bücken, in die Hocke gehen, sich lang ausstrecken?
Die Kinder probieren alles aus – und der Schatten-Zwilling muß immer mitmachen.

Schatten-Phantasiebilder

Die Kinder sind zu zweit und denken sich besondere Schattenbilder aus. Da gibt es viel zu Lachen, wenn zum Beispiel ein Schattenbild mit vier Armen am Boden erscheint oder ein Schattenelefant losmarschiert oder ein Schatten-Vierfüßler zu tanzen beginnt!
Und wie heißen diese Schatten-Phantasiefiguren? Lassen Sie die Kinder lustige Namen erfinden.

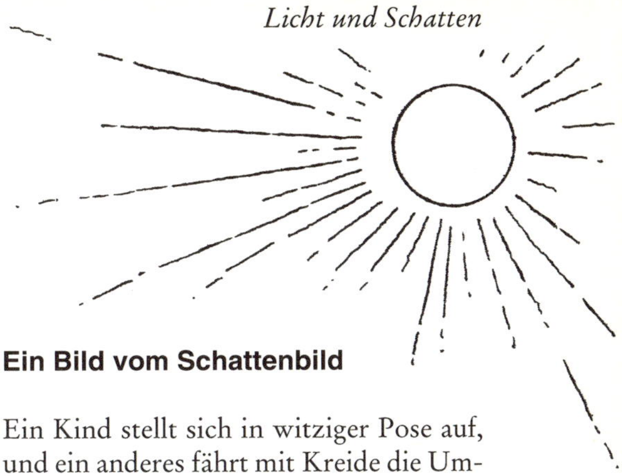

Ein Bild vom Schattenbild

Ein Kind stellt sich in witziger Pose auf, und ein anderes fährt mit Kreide die Umrisse des Schattenbildes auf dem Steinboden nach.

Das Schattenkind

Text: Bernd Kohlhepp
Melodie: Jürgen Treyz

Ein Schattenkind, das mag mich sehr
und läuft mir immer hinterher,
und wo ich bin – da ist es auch,
wo immer ich auch untertauch'!

Refrain:
Ich kenn' ein freches Schattenkind
mit Strubbelzottelhaar,
das sucht und findet mich geschwind
und tanzt dann wunderbar.

Verstecke ich mich hinterm Baum,
dann denke ich, man sieht mich kaum,
dann mein' ich, es wär ausgetrickst,
da seh' ich's hinter mir – verflixt.

Refrain: Ich kenn'...

Und bin ich tapfer und hab' Mut,
versteckе mich im Keller gut.
Im Dunkeln war's erst nicht zu seh'n.
Das Licht geht an – da seh' ich's steh'n!

Refrain: Ich kenn'…

Wenn ich abends schlafen geh'
und vorher nach dem Schatten seh',
dann sag' ich ihm: Heut war es nett!
Komm schlafe unter meinem Bett!

Refrain:
Ich kenn' ein freches Schattenkind
das wartet bis zum Tag,
und ist dann wieder mit dabei,
weil's mich halt gerne mag.

Schattenbilderspiele

Diese Entdeckungsspiele mit dem eigenen Schattenbild machen den Kindern großen Spaß. Doch auf eines sollten Sie dabei achten:

Das tut meinem Schatten weh!

Manche Kinder identifizieren sich mit ihrem Schatten. Sie sind stolz auf ihr Ebenbild auf dem Boden und niemand darf drauftreten. Sie fühlen sich gekränkt, wenn einer achtlos auf ihren Schatten tritt.

Nicht drauftreten!

Alle Kinder gehen im Hof umher und achten dabei auf ihr Schattenbild und das der andern. Niemand darf auf den Schatten des andern treten, sonst muß er stehenbleiben. Sieger ist, wer am vorsichtigsten mit allen Schattenbildern umgegangen ist. Das ist ein sehr schwieriges Spiel. Etwas einfacher geht es so: Keiner darf auf den Kopf des Schattenbildes treten!

Schattenjäger

Das ist ein wildes Spiel für die älteren Kinder. Einer ist der Jäger. Er muß die „Schattenhasen“ einfangen. Diese kann er erwischen, wenn er auf deren Schatten tritt. Ist ein Schattenhase gefangen, muß er stehenbleiben.
Die Kinder können als Hasenhöhle den Schatten eines Baumstammes oder Busches aussuchen. Wenn die „Schattenhasen“ dann in diesen Schatten treten, verschwindet ihr Schattenbild. Der Jäger kann nicht mehr darauf treten, sie also auch nicht fangen.

Schattenformen

Die Kinder holen viele Spielsachen, halten diese in die Sonne und betrachten die neuen Schattenbilder. Da staunen sie, was mit diesen Schattenbildern alles passiert, zum Beispiel:

Mit dem Reifen
Der Schatten des Reifens ist natürlich auch ein Reifen. Doch wenn er gedreht wird, wird das Schattenbild immer schmaler und ist am Schluß nur noch ein dünner Strich.

Mit dem Stab
Der Stab wirft einen langen Schatten. Wenn die Kinder ihn hin- und herdrehen, wird der Schatten kürzer und kann sogar zu einem Punkt werden.

Mit andern Spielsachen
Und wie verändert sich der Schatten des Balls oder wie seltsam kann der Schatten eines Spielzeugautos oder einer Schaufel aussehen.
Dazu ein Schattenratespiel: Ein Kind steht hinter dem andern, hält ein Spielzeug hoch, das andere Kind schaut nur das Schattenbild an und muß raten.

Schattenlinien

Die Kinder suchen das ganze Kindergartengelände nach schattigen Stellen ab. Das kann eine Hausecke sein, ein hervorstehendes Dach, eine Wand oder ein Spielhaus.
Sie entdecken, wie interessant die Schattenlinien des Gartenzauns oder des Klettergerüstes oder der Schaukel aussehen. Die Kinder wandern die Schattenlinien entlang oder, wenn der Schatten auf einen Steinboden fällt, zeichnen mit Kreide die Linien nach. Es macht Spaß, nicht mehr die Gegenstände selbst zu beachten, sondern nur noch auf die Schattenbilder zu sehen, die anders und rätselhaft sind.

Schattentheater der Natur

Das Schattenbild eines Busches sieht aus wie ein großes Gesicht, und im Schatten des Blumenbeetes meint man, würden lauter kleine Zwerge tanzen. Entdecken Sie mit den Kindern viele Phantasiebilder im Schattentheater der Natur.

Schatten-Versteckspiel

Bei diesem Spiel werden die Kinder auf die verschiedenen Schatten im Kindergartengelände aufmerksam.
Jedes Kind sucht sich als Versteck einen Schatten aus, der größer ist als das eigene Schattenbild. Dort kann es sein Schattenbild „verstecken", zum Beispiel hinter der Hausecke, unter einem vorstehenden Dach, hinter einer Wand. Der Sucher geht nun los. Er wird zwar alle Kinder sehen können, doch muß er auf das Schattenbild achten und ganz genau hinschauen, ob nicht in einem Schattenversteck auch ein Kinderschatten hervorschaut. Hat er die Schatten von drei Mitspielern entdeckt, ist das Spiel zu Ende. Wer will jetzt suchen?

Das gibt's doch nicht!

Bei diesen Schattenspielen wird Unmögliches möglich gemacht. Die Kinder können auf einem Hausdach entlang gehen, auf einer hohen Mauer balancieren oder auf der Baumkrone eines hohen Baumes sitzen. Das ist keine Zauberei, und die Kinder stehen dabei mit beiden Beinen auf dem Boden. Wie das geht? Ganz einfach, die Kinder wandern auf der Schattenlinie des Hausdaches oder der Mauer oder setzen sich auf den Schatten der Baumwipfel. Und welche Kunststücke können die kleinen Schatten-Akrobaten auf ihrem Kindergartengelände noch machen?

Schattenzirkus

Aus diesem Spiel kann ein toller Schattenzirkus werden. Die Kinder schauen sich nach Schatten um, mit denen sie verrückte Kunststückchen machen können, zum Beispiel:

- auf der Schaukelstange balancieren;
- die Hauswand senkrecht hochgehen;
- auf dem Dachgiebel auf einem Bein stehen;
- ein Gesicht mit Streifen, weil der Schatten des Lattenzaunes auf das Gesicht fällt;
- ein Schattenpunkt, zum Beispiel eines Balls, wandert rund um das Gesicht.

Der Schatten wandert

Eine spannende Entdeckung

Bei diesem Experiment werden die Kinder eine aufregende Entdeckung machen, vorausgesetzt, die Sonne scheint den ganzen Tag. Das Spiel beginnt gleich am Morgen.

9.00 Uhr
Ein Kind stellt sich als Schattenmodell mitten in den Hof und sein Schattenbild wird auf dem Steinboden mit Tafelkreide festgehalten, also der Schattenumriß aufgemalt. Damit man genau sieht, wie und wo das Kind auf dem Hof gestanden ist, wird auch rund um die Schuhsohle eine Linie auf den Boden gemalt.

11.00 Uhr
Nach zwei Stunden wird das Pflastermalspiel mit dem gleichen Modell wiederholt. Das Kind tritt in seine aufgemalten „Fußspuren". Aber – was ist das? Ist der Schatten zur Seite gerückt? Hängt die Sonne schief? Ist das Kind kleiner geworden? Auf jeden Fall paßt es nicht mehr in sein altes Schattenbild.
Die Kinder zeichnen einen zweiten Schattenumriß auf den Boden, während das Schattenmodell in seinen alten „Fußspuren" stehen bleibt.

13.00 Uhr
Schon wieder sieht alles anders aus! Das nächste Schattenbild ist weitergewandert. Die Kinder zeichnen wieder die neuen Umrisse nach.

15.00 Uhr
Und wieder liegt das Schattenbild an einer anderen Stelle.

16.00 Uhr
Die Kindergartenzeit ist gleich zu Ende, schnell nochmals den Schatten vergleichen. Die Kinder beobachten, daß das Schattenbild nun wieder größer geworden ist und direkt gegenüber dem ersten gemalten Schattenumriß auf dem Boden liegt. Woher kommt das nur?

Des Rätsels Lösung

Die Sonne ist an der Schattenbild-Malerei beteiligt. Sie ist es, die den Schatten immer wieder verändert. Denn die Sonne wandert über den Himmel.
Eigentlich ist es nicht die Sonne, die wandert, sondern die Erde, die sich dreht. Doch darüber mehr auf Seite 110.

Eine Sonnenuhr

Weil die Sonne jeden Tag in gleicher Weise über den Himmel zieht, erfanden die Menschen eine Sonnenuhr, die immer zuverlässig ist und niemals stehenbleibt. Nur bei Regenwetter kann man die Uhrzeit nicht mehr ablesen. Warum? Eine Frage an die Kinder.

Und so basteln die Kinder ihre Sonnenuhr:

Der Zeiger der Sonnenuhr ist ein Stab, der in einem mit Sand oder Erde gefüllten Eimer steckt. Das Zifferblatt ist der Stein-, Beton- oder Asphaltboden. Die Zahlen der Uhr werden im Lauf eines Tages auf das Zifferblatt gemalt. Es können auch neben die Zahlen verschiedene Symbole gezeichnet oder Spielsachen dazugelegt werden. Damit sich die Kinder, die noch keine Zahlen lesen können, den Ablauf eines Tages vorstellen können, zum Beispiel:

TIP: Bauen Sie mit den Eltern eine richtige Sonnenuhr, die Wind und Wetter standhält, beispielsweise eine aus Holz, die man an einer Wand aufhängen kann. Oder Sie gießen als „Zifferblatt" Beton in eine flache Kiste und machen daraus eine Uhr mit Eisenstab und eingeritzten Linien.

Hell und Dunkel

Lichtdetektive sind unterwegs

Wo ist es hell und wo dunkel? Dieser Frage gehen die Kinder genauer nach. Sie schauen sich im Kindergartengebäude und im Garten um, sie schauen in alle Räume und Winkel. So gründlich wird alles untersucht, daß man von echter Detektivarbeit sprechen kann. Dabei besprechen die kleinen Detektive miteinander, was ihnen als hell und was als dunkel erscheint.

So gibt es im Garten helle und dunkle Ecken. Zum Beispiel kann ein überdachter Schlupfwinkel so dunkel sein, daß man kaum etwas sieht, und vor der weißen Hauswand das Tageslicht so grell, daß man die Augen zukneifen muß.

Drinnen im Haus gibt es wiederum Räume mit großen Fenstern, die so hell sind, daß das Licht beinahe blendet. Die Kinder werden aber auch dunkle Kammern mit kleinen Fenstern entdecken oder finstere Kellerräume, nur mit einem kleinen Lichtspalt.

Lassen Sie die Kinder diese hellen und dunklen Ecken und Nischen selbst aufspüren. Das ist für die Licht-Detektive ein spannendes Spiel.

Lichtquellen

Dort, wo es dunkel ist, kann ein Licht alles wieder hell erleuchten. Untersuchen Sie mit den Kindern die unterschiedlichsten Lichtquellen, die je nach Tages- oder Jahreszeit gebraucht werden.

- Wenn man den Lichtschalter betätigt, strahlt die Deckenlampe Licht aus, und im Zimmer wird es hell.
- Eine Stehlampe sorgt für gemütliches Licht in der Ecke.
- Eine Schreibtischlampe beleuchtet die Arbeitsfläche.
- Eine Kerze auf dem Tisch vertreibt die Dunkelheit, aber sehr hell ist sie nicht. Doch, was ist, wenn 10 Kerzen leuchten? Ausprobieren.
- Mit einer Taschenlampe kann man eine Zimmerecke beleuchten, doch für ein ganzes Zimmer reicht es nicht aus.
- Eine Öllampe verbreitet ein schwaches Licht, es kommt darauf an, wie groß die Flamme ist.
- Draußen im Garten kann schon ein kleines Lagerfeuer Helligkeit verbreiten.
- Wenn es dunkel ist, kann man mit Laternen den Weg beleuchten.
- Am Himmel ist es die Sonne, die mit ihren Strahlen das helle Tageslicht bringt. Und nachts sorgt der Vollmond für Helligkeit, so daß man recht gut sehen kann.

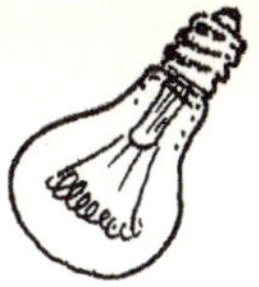

Glühbirnen

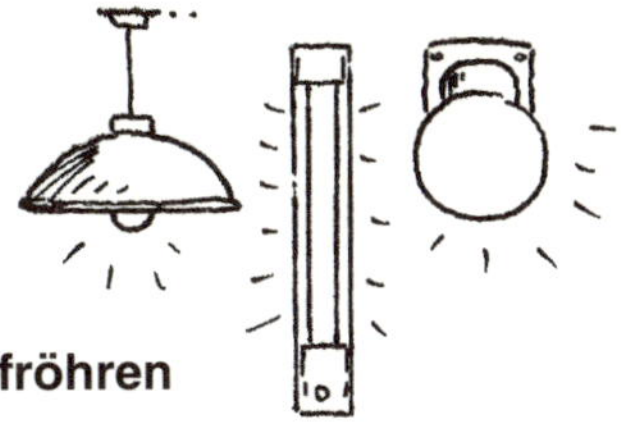

Es sind bei den elektrischen Lampen die Glühbirnen, die das Licht ausstrahlen. Und wie geht das? Sobald Strom durch die Drähte der Glühlampe fließt, werden diese heiß, dann glühen sie. Und weil in der Glühbirne keine Luft ist, kann in dem gläsernen Körper kein Feuer entstehen. Denn Feuer braucht Luft zum Brennen. Das wissen die Kinder.
Dennoch wird die Glühbirne sehr heiß, wenn sie glüht. Das können die Kinder spüren, wenn sie ihre Hand vorsichtig in die Nähe einer Schreibtischlampe halten. Achtung, nicht an die leuchtende Glühbirne fassen! Das müssen die Kinder auch lernen: Die Glühbirne ist so heiß wie eine Feuerflamme, und man kann Brandblasen bekommen.
Wenn es die Kinder interessiert, woher Strom kommt, können Sie von den Stromleitungen berichten, die in den Zimmerwänden unter Putz verlegt sind. In Kellerräumen jedoch kann man sie sehen und genau verfolgen, wie die Leitungen vom Lichtschalter zur Deckenlampe führen. Zeigen Sie den Kindern auch das elektrische Kabel der Schreibtischlampe.

Denn sie sollen wissen, wofür die „langen Schnüre" eingesetzt werden und warum diese Kabel gefährlich sind. (Mehr zum Thema Strom siehe Seite 60.)

Leuchtstoffröhren

Sie enthalten ein Gas, das zu leuchten beginnt, sobald Strom durchfließt. Wenn Leuchtstoffröhren kaputt sind, müssen sie zum Sondermüll gebracht werden. Denn das Gas in der Glasröhre ist giftig. Deshalb darf das Glas nicht zerspringen, sonst entweicht dieses giftige Gas. Machen Sie die Kinder auf diese Gefahr aufmerksam.

Spaß mit der Taschenlampe

Eine Taschenlampe ist für Kinder etwas Tolles: Da kommt aus einem Rohr Licht heraus, mit dem sie in alle Ecken und Winkel leuchten können. Es gibt witzige und interessante Spiele mit der Taschenlampe. Hier einige Ideen:

Wandernder Lichtpunkt

Der Raum ist etwas verdunkelt. Ein Kind läßt den Lichtkegel einer großen Taschenlampe im Raum umherwandern. Die andern schauen zu. Wer erkennt, was gerade mit der Taschenlampe beleuchtet wird? Er ruft es laut aus. Je schneller der Lichtschein wandert, desto schwieriger ist es, die Gegenstände zu erkennen.

Leuchtbilder

Der Raum ist verdunkelt. Ein Kind malt mit dem Lichtstrahl der Taschenlampe ein Bild an eine Wand oder in die Luft. Ganz schnell muß es „malen", dann können die andern besser erkennen, was es ist, zum Beispiel ein Herz, ein Kreis, eine Schlange, eine Schneckenlinie oder eine Wasserwelle. Schwieriger wird es bei einem Haus, einem Gesicht oder einer Blume. Auch ein Leucht-Zahlen-Rätselspiel ist sehr spannend: Einer „schreibt" eine Zahl, die andern müssen sie raten.

Farbenspiele

Der Lichtstrahl der Taschenlampe wird durch Farbfolien geführt und an die Wand oder auf ein Papier projiziert. Auf diese Weise entsteht ein farbiger Lichtstrahl. Man kann auch die Folie wie einen Lichtfilter mit Klebeband auf die Taschenlampe kleben.
Was passiert, wenn die Lichtstrahlen von zwei oder drei verschiedenfarbigen Taschenlampen auf die gleiche Stelle leuchten? Ein interessantes Experiment! Aus manchen Farben entstehen neue Farbtöne, andere verschwinden, und es kommt wieder das helle Licht zum Vorschein.
Und welche Farbe haben die Schattenbilder von Gegenständen, die mit verschiedenen Farblichtern angestrahlt werden? Ausprobieren!

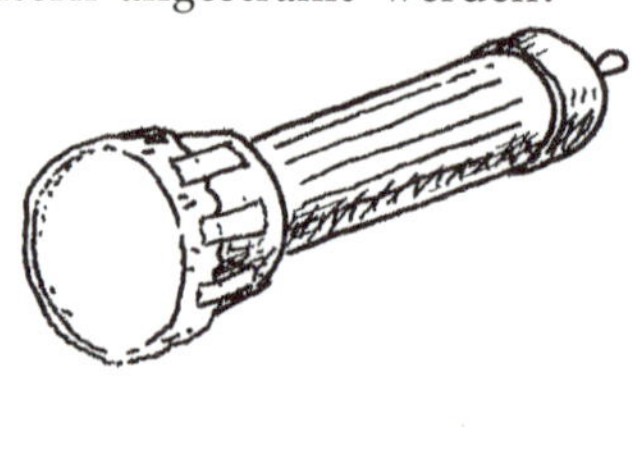

Um die Ecke leuchten

Kann man um die Ecke leuchten? Ausprobieren! Es geht wirklich nicht. Denn das Licht der Taschenlampe strahlt immer geradeaus. Doch wenn man mit der Taschenlampe einen Spiegel anleuchtet, und mit diesem Spiegel die Lichtstrahlen in eine andere Richtung lenkt, zum Beispiel um die Ecke, dann kann man eben doch mit einer Taschenlampe um die Ecke leuchten.
Daraus entsteht ein Lichtstrahlen-Spiel: Die Kinder nehmen mehrere größere Spiegel und führen den Lichtstrahl kreuz und quer durch den Raum.

TIP: Zur Winterzeit, wenn es früh dunkel wird, können die Kinder diese Spiele auch draußen spielen.

Woher kommt das Licht?

Sicher wollen die Kinder wissen, woher das Licht aus der Taschenlampe kommt? Wird dort auch Strom gemacht?
Das können Sie den Kindern mit einfachen Worten erklären.
Eine Taschenlampe hat eine kleine Glühlampe. Sie bekommt Strom zugeleitet, wenn man mit einem Schalter die Lampe einschaltet. Dieser Strom ist in einer Batterie gespeichert. Der Strom ist so klein und schwach und heißt auch so: Schwachstrom.
Bei einer Taschenlampe ist es wichtig, daß die Plus- und Minuspole der Batterien an der richtigen Stelle liegen. Lassen Sie die Kinder eine Batterie herausnehmen und wieder richtig einlegen.

Achtung, eine Batterie niemals auseinandernehmen und wenn sie kaputt ist, auch nicht in die Mülltonne, sondern in den Sondermüll werfen. Das sollten die Kinder lernen.

Kleines Schattentheater

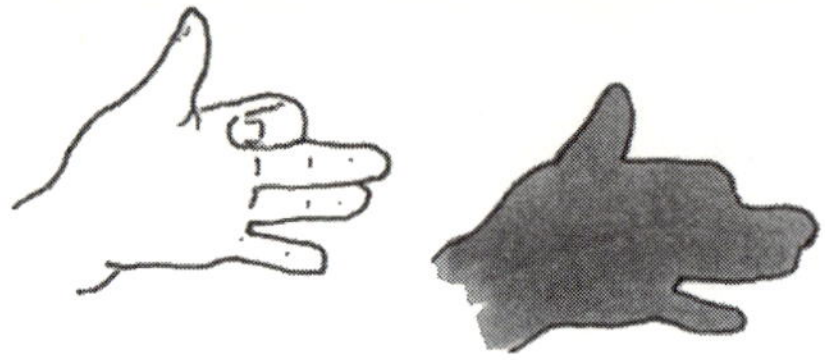

Selbermachen

Bis jetzt haben die Kinder viel über Licht und Schatten erfahren, sie spielten draußen mit ihrem eigenen Schatten, sie erforschten unterschiedliche Lichtquellen und suchten nach hellen und schattigen Stellen drinnen und draußen, sie wissen, wie ein Licht entsteht, und sie können mit Vorsicht damit umgehen. Diese Spiele, Erlebnisse und Erfahrungen können die Kinder nun in den kleinen und großen Schattenspielen phantasievoll anwenden. Bauen Sie jedes Schattenspiel mit den Kindern auf, und lassen Sie die Kinder viele Spielmöglichkeiten selbst ausprobieren. Denn es gibt dabei viel Neues zu erforschen und zu erfahren. Nehmen Sie den Kindern diese Erfahrungen nicht vorweg, indem Sie ihnen die Beleuchtungs- und Spieltechniken gleich erklären. Das Selbermachen und das Selbstausprobieren ist viel lehrreicher für die Kinder und fördert die Kreativität. Und Sie werden staunen, auf welche phantasievollen Ergebnisse und kunstvollen Spielformen die kleinen Schattenspielkünstler kommen werden.

Wandtheater

Spielfiguren: Hände
Theaterbühne: Wand
Beleuchtung: Sonne

Es ist spannend zu beobachten, wie sich die Schattenbilder der Hände an der Wand bewegen. Da werden aus den Fingern Adlerschwingen, die Faust wird zum bellenden Hund, zwei gestreckte Finger sind mal Ohren, mal Hörner und mal der schnatternde Schnabel der Schnattergans. Und wenn sich die Schattengänse oder Schattenhunde miteinander unterhalten, kann das kleine Theaterspiel an der Wand beginnen.

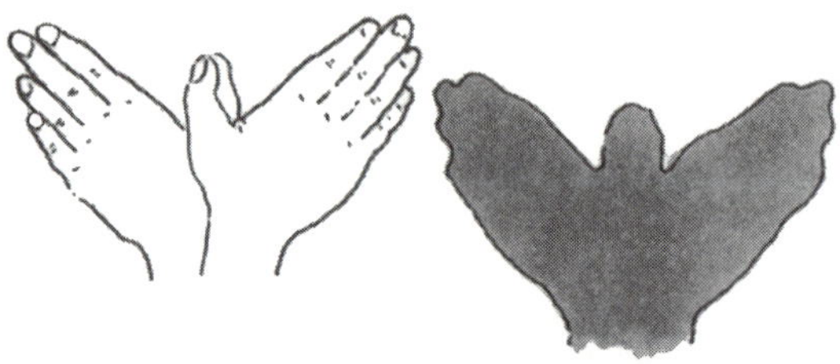

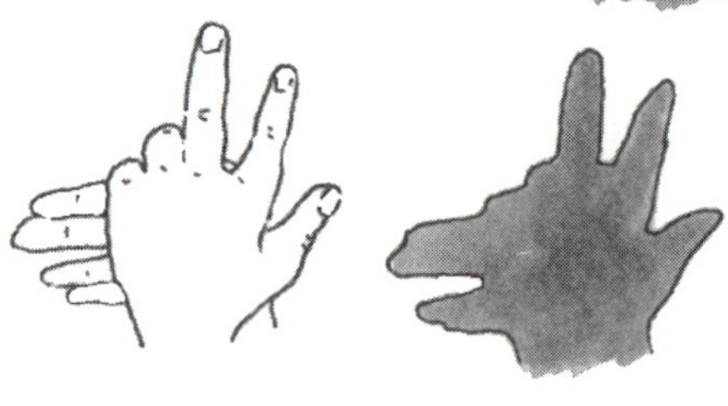

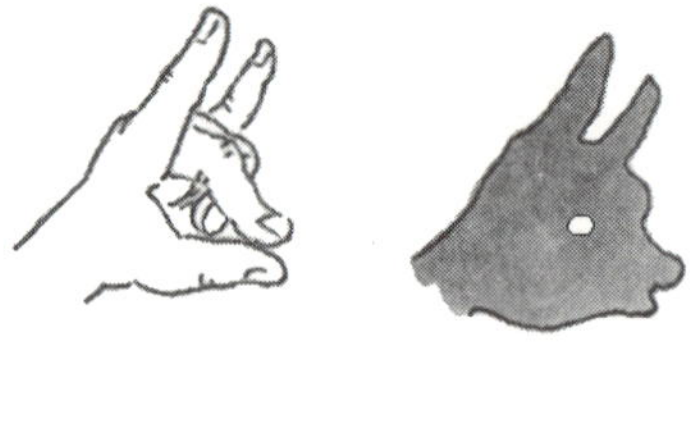

Taschentuchtheater

Spielfiguren: Naturmaterial
Theaterbühne: großes Taschentuch
Beleuchtung: Sonne

Das Taschentuch wird mit Wäscheklammern oder Sicherheitsnadeln an einer Schnur befestigt, zwei Kinder halten die „Bühne“. Eine Margerite ist die Prinzessin mit einem Holunderdolden-Kleid, ein Kastanienblatt ist der Prinz mit Blätter-Pluderhosen, ein zusammengebundenes Grasbüschel ist die Hexe mit Zottelrock und zwei Löwenzahnblätter sind das gezackte, große Maul des Krokodils, ein Stück Holz ist der Kasper mit einem zusammengerollten Blätterhut…
Wird noch ein Haus gebraucht? Das kann ein Stück Rinde sein, und aus Tannenzapfen und Zweigen entsteht schnell der Märchenwald.
Die Requisiten werden mit Klammern an die Taschentuch-Theaterbühnen festgeklemmt, die Spielfiguren von den Spielern mit der Hand geführt.

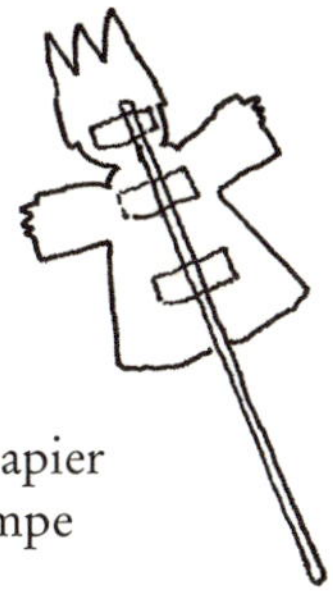

Papiertheater

Spielfiguren: Pappfiguren
Theaterbühne: Transparentpapier
Beleuchtung: Schreibtischlampe

Basteln Sie mit den Kindern aus festem Karton oder aus Holzlatten einen großen Bilderrahmen, und bekleben Sie ihn mit weißem Transparentpapier. Diese Theaterbühne wird von zwei Kindern an der Tischkante festgehalten, so daß die Spieler, die hinter dem Tisch sitzen, ihre Figuren hochhalten können. Eine Schreibtischlampe wird in entsprechender Entfernung aufgestellt. Der Lichtkegel muß genau auf die Theaterwand fallen und diese von hinten her beleuchten.

Die kleinen Figuren werden aus Tonpapier oder dünner Pappe ausgeschnitten und mit Klebeband an einem dünnen Stab befestigt.
Und was wird gespielt? Zum Beispiel die Geschichte vom kleinen Feuerdrachen, siehe Seite 38. Dabei kann die Bühne auch mit rotem Transparentpapier bezogen werden.

Großes Schattenspiel

Jetzt sind die Kinder selbst die „Spielfiguren“ des Schattenspiels. Die Bühne ist ein großes, weißes Tuch, und als Beleuchtung wird eine starke Lampe gebraucht, zum Beispiel das Licht eines Diaprojektors.

Die Bühne

Diese Schattenspielbühne können Sie überall und jederzeit aufstellen. Sie brauchen dafür kein aufwendiges Gestell. Ein großes, weißes Leintuch, zum Beispiel ein Bettlaken oder Tischtuch, ist als Leinwand bestens geeignet. Das Tuch wird über ein Wäscheseil gespannt und nur mit Wäscheklammern oder Sicherheitsnadeln festgehalten. Wichtig ist dabei, daß die Leinwand keine Falten wirft, sonst werden auch die Schattenfiguren faltig und schief. Deshalb muß das Wäscheseil fest und straff gespannt sein. Man kann das Seil an Fenstergriffen und Türhaken festknüpfen.

Die Beleuchtung

Sie benötigen kein aufwendiges Beleuchtungssystem, ein Diaprojektor tut die besten Dienste. Er wird 3–5 m von der Leinwand entfernt auf einem Tisch aufgestellt. Jetzt heißt es ausprobieren, ob der Projektor höher stehen muß. Dann kann er zum Beispiel auf eine Kiste gestellt werden. Es kann auch sein, daß der Tisch noch weiter vor oder zurück geschoben werden muß.

Der Lichtkegel des Scheinwerfers muß die ganze Leinwand beleuchten, denn Füße und Köpfe der Spieler sollten auch im Schattenspiel zu sehen sein. Das Licht jedoch darf nicht an der Leinwand vorbeistrahlen, das blendet die Zuschauer.

Zum Schluß den Raum verdunkeln, also Vorhänge zuziehen oder Rolläden herunterlassen! Nur so bekommen die Schattenfiguren scharfe Konturen.

Weil manche Kinder in der Dunkelheit Angst bekommen, können Sie in einer Ecke eine schwache Lampe einschalten, das beruhigt die kleinen Angsthasen.

Das Spiel

Bevor das Theaterspiel beginnt, werden die Spieler erst einmal das Schattenspielen ausprobieren wollen.

Der Anfang des Spiels
Das gibt ein Kichern und Lachen, wenn einer nach dem andern hinter der Leinwand erscheint und die Zuschauer dessen Schattenbild bewundern können. Die einen werden Faxen machen, die andern stocksteif dastehen, wieder andere werden wie ein Hampelmann zappeln oder Sprünge machen, tanzen, hüpfen oder sonstwie „Kasperle" spielen. Lassen Sie die Kinder austoben, sie werden sich bald beruhigen. Und dann können Sie mit interessanten Spielideen die Rasselbande wieder bändigen.

Erste Spiele

Wer ist es?
Das ist ein lustiges Ratespiel und bietet den Kindern einen Anreiz, das Schattenbild aufmerksam anzuschauen, um das Rätsel zu lösen. Vier oder fünf Kinder stellen sich hinter der Bühne auf, stehen aber außerhalb des Lichtes, so daß man sie noch nicht sehen kann. Der Projektor ist eingeschaltet. Jetzt tritt ein Schattenspieler vor die Leinwand und bleibt still stehen. Wer von der Spielergruppe ist es? Ein spannendes Spiel. Damit auch die Spieler ihren Schatten sehen können, sollten sie einen Schritt von der Leinwand zurücktreten.

1. Lernschritt: Bei diesem Spiel üben die Kinder erst einmal, vor der Leinwand still stehen zu bleiben. Das fällt manchem kleinen Zappelkasper nicht leicht.

Gehen
Jetzt werden die Spieler angeleitet, zum Beispiel so: Schreite wie ein stolzer König, hüpfe wie ein Zappelpeter, schleiche wie ein Dieb, tippel wie eine vornehme Dame…
2. Lernschritt: Bei diesem Spiel lernen die Kinder, daß sie sich als Schattenspieler langsam bewegen müssen, damit die Zuschauer das Spiel gut sehen können.

Zu zweit
Die Kinder spielen kleine Einzelszenen, zum Beispiel: sich begrüßen, miteinander tanzen, hintereinander schleichen oder nebeneinander gehen.
3. Lernschritt: Bei diesem Spiel lernen die Kinder, welche Bewegungen im Schattenbild zu erkennen sind und welche der Zuschauer nicht versteht.

Schatten-Schau-Spiele

Wenn die Kinder Spaß am Schattenspiel haben, dann wollen sie immer wieder die Schattentheaterbühne aufbauen und kleine Spielstücke aufführen. Machen Sie mit! Weil es zum Schattenspiel mit Kindern viele praktische Anleitungsbücher gibt, werden hier nur ein paar wichtige und witzige Spieltricks beschrieben.

Riesen und Zwerge

Wenn die Kinder nahe an der Leinwand stehen, ist ihr Schattenbild normal groß. Wenn sie jedoch weiter nach hinten in Richtung des Scheinwerfers gehen, dann werden sie größer und größer! Das ist ein lustiger Spaß, den alle Kinder ausprobieren wollen. Denken Sie mit den Kindern kleine Zaubergeschichten aus, von Riesen und Zwergen, von kleinen Wichteln, die wachsen und von großen Ungeheuern, die einschrumpfen.

Rätselhafte Requisiten

Auch hier es gibt viel auszuprobieren. Weil von den Gegenständen nur die Schatten zu sehen sind, kann man Alltagsgegenstände in zauberhafte Theaterrequisiten verwandeln. Aus einer Topfpflanze wird ein großer Baum, wenn diese weit genug von der Leinwand weggestellt wird. Aus einem Küchensieb mit Stiel wird ein Königszepter. Ein flaches, rundes Küchenbrett ist zuerst ein Ball und kann, wenn es gedreht wird, in einen Stab verwandelt werden. Aus Vorhangstoffen werden die schönsten Gespenster, wenn man sie mit einem Bindfaden an einem Stab befestigt und damit an der Leinwand vorbeiführt. Und Seifenblasen sehen wie schwebende Zauberkugeln aus.

Maskenspiel

Sehr spannend wird das Schattentheater, wenn die Spieler selbstgebastelte Masken tragen. Dann können die wildesten Tiere auftreten, die überzeugend echt aussehen!

Der Flaschengeist

So kommt der Flaschengeist in die Flasche: Die Flasche ist weit hinten aufgestellt und erscheint an der Leinwand riesengroß. Der Geist aber sitzt vorne an der Leinwand und ist so klein, daß er in die Flasche paßt. Aber wehe, wenn die Flasche geöffnet wird, dann steht der Flaschengeist auf, geht nach hinten in Richtung der Bühnenbeleuchtung und wird groß und größer.

Dias als Hintergrund

Das sieht auf der Schattenbühne wunderschön aus, wenn Sie Diabilder als Hintergrund für ihr Schattenspiel einsetzen. Einfach das Dia in den Projektor schieben – und das Bild erscheint auf der Leinwand des Schattentheaters.

Auf diese Weise können Landschaftsbilder auf der Leinwand erscheinen und zur Kulisse werden, zum Beispiel: ein Wald, eine Blumenwiese, ein Baum, eine Hütte, eine Burg, Wolken am Himmel, Wellen und Wasser.

Schattenbilderbuch

Dies ist eine einfache und doch sehr interessante Spieltechnik. Sie erzählen oder lesen eine kleine Geschichte, und die Kinder spielen ein Schattentheater dazu, ohne dabei zu sprechen.
Die Geschichte wird in einzelne Szenen aufgeteilt, welche die Kinder darstellen. Dabei bewegen sich die Spieler nicht, sondern bleiben in einer zum Text passenden Position stehen. Für die Zuschauer sieht es aus, als bekämen sie Bilder eines großen Bilderbuches zu sehen. Das Umblättern im „Buch“ wird durch Ein- und Ausschalten der Lichtquelle ersetzt. Dabei stellen sich die Spieler hinter der Leinwand immer wieder neu auf.

Bewegtes Spiel

Es ist die schwierigste Form des Schattenspiels, und die Szenen sollten für die Kinder einfach sein. Dabei ist folgendes zu beachten: Die Spieler sollten sich nicht zu schnell bewegen, nur von der Seite ins Bild kommen und sich nicht zu oft hin- und herdrehen. Das können die kleinen Schattenspieler vorher üben.

Schwarzlicht-Theater

Hier tanzen Füße oder winken Hände, es wandern Hosenbeine über die Bühne oder schweben Hüte durch den Raum. Ja, beim Schwarzlicht-Theater scheint es nicht mit rechten Dingen zuzugehen.
Des Rätsels Lösung: Eine Schwarzlichtlampe.
Hier erleben die Kinder das Licht auf ungewöhnliche Art. Die Schwarzlichtlampe läßt nur weiße Gegenstände aufleuchten, alles andere bleibt dunkel und wird im verdunkelten Raum unsichtbar.
Das ist für die älteren Kinder Ihrer Gruppe eine sehr spannende Sache, die Sie mit ihnen ausprobieren sollten. Die Spieleffekte sind so beeindruckend, daß Sie schnell und einfach, ohne viel Aufwand und Üben, eine interessante Theateraufführung für das nächste Kinderfest inszenieren können.

TIP: Schwarzlicht-Lampen oder Schwarzlicht-Neonröhren können Sie im Elektrohandel kaufen oder bei Bildstellen ausleihen.

Erst mal ausprobieren

Der Raum ist anfangs nur halb verdunkelt, die Schwarzlichtlampe eingeschaltet. Was leuchtet besonders hell? Es sind die weißen Stoffe oder Gegenstände. Auch neonfarbige Sachen sind gut zu sehen. Alles andere verschwindet im Schatten des verdunkelten Raumes.
Nach Absprache mit den Kindern können Sie bei jedem neuen Spiel den Raum ein bißchen mehr verdunkeln, bis nur noch in einer Ecke ein kleines Schummerlicht leuchtet, für die Ängstlichen. Wichtig ist, daß sich alle Kinder „spielerisch" an die Dunkelheit gewöhnen können.

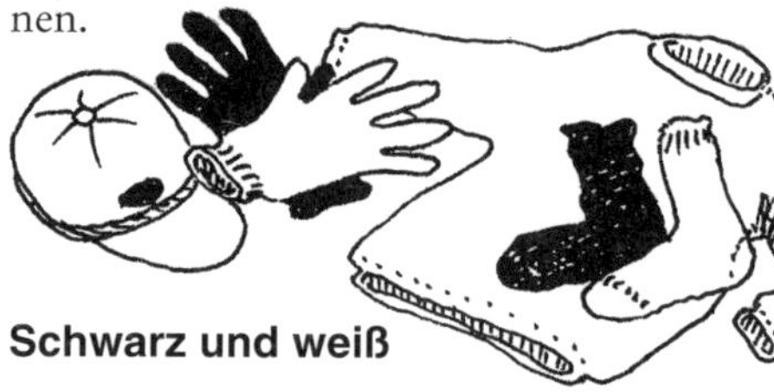

Schwarz und weiß

Die Kinder bringen schwarze und weiße Kleidung mit. Vielleicht haben Sie solche auch in der Verkleidungskiste. Dann beginnt der Theaterspaß: Alle Kinder ziehen sich von Kopf bis Fuß mit schwarzer Kleidung an. Der Raum wird verdunkelt, in einer Ecke leuchtet noch eine kleines Licht, zur Sicherheit. Jetzt ist niemand zu sehen. Nur das aufgeregte Kichern der Kinder wird zu hören sein. Dann zieht jedes Kind ein weißes Kleidungsstück an. Und bald tanzen und hüpfen weiße Socken oder Schuhe, Hosenbeine oder Röcke, Blusen oder Pullis durch den Raum. Lassen Sie Kassettenmusik dazu spielen. Das macht Spaß!

Tips und Tricks

- Das Gesicht mit schwarzer Schminkfarbe anmalen oder über den Kopf ein schwarzes Tuch aus Tüll binden. Jetzt sieht man bei den Spielern auch das Gesicht nicht mehr.
- Neonfarben sind im Schwarzlicht zu sehen. Besorgen Sie in diesen Farben Kreppapier, Tüll oder Faschingsstoffe, damit können sich die Kinder bunt verkleiden.
- Mit weißer oder neonfarbiger Schminke können sich die Spieler bunte Punkte in das schwarz-geschminkte Gesicht malen.
- Requisiten werden aus weißem oder neonfarbigem Karton gebastelt. Schon einfache Formen sehen sehr effektvoll aus.
- Am besten wirkt die Theaterbühne, wenn sie mit schwarzen Stoffen behängt ist. Spannen Sie Wäscheleinen in einer Zimmerecke aus und befestigen Sie daran die Stoffe. Am besten stellen Sie auch schwarze Stellwände auf, hinter denen sich die Spieler verstecken und ankleiden können.

Lustige Spielszenen

Tanzende Füße
Die Spieler tragen schwarze Kleidung und weiße Socken. Kaum erklingt die Musik, da beginnt ein Fuß nach dem andern zu tanzen, dann tanzen jeweils vier Füße miteinander, und zum Schluß tanzen alle Füße im Kreis herum und verlassen hüpfend die Bühne.

Spielende Hände
Die Spieler sind schwarz gekleidet und tragen weiße Handschuhe. Zuerst stehen alle Spieler auf der Spielfläche und halten ihre Hände hinter dem Rücken versteckt, so daß nichts zu sehen ist. Sobald Musik erklingt, kommt eine Hand nach der anderen zum Vorschein, bewegt die Finger, läßt sie tanzen, kreisen, winken. Dann reichen sich immer zwei Hände „die Hand“ und halten sich fest, schwingen hin und her, auf und ab. Zum Schluß halten sich alle Hände fest und verschwinden als Schlange – hinter den schwarzen Tüchern.

Laternen

Im Herbst, wenn es schon am frühen Abend dunkel ist, ist die Laternenzeit da, und die bunten Laternen werden wieder auf den Gehwegen leuchten. Dann wandern Mondgesichter, große Sonnen, Enten mit Schnäbeln, Mäuse mit Ohren, Eulen mit buntem Gefieder oder Häuser mit leuchtenden Fenstern durch die Straßen. Und je mehr Kinder beim Laternenzug mitmachen, desto schöner und aufregender ist es für alle.
Zum Thema dieses Buches passend, werden jetzt natürlich Flammenlaternen und Feuerdrachen gebastelt.

Flammenlaterne

Man braucht dazu eine große, runde Käseschachtel, Transparentpapier, weiß und in den Feuerfarben (siehe Seite 18), dünnen Draht, Kerzenhalter, Laternenstab, Schere und Klebstoff.

Und so wird's gemacht:
Zuerst das weiße Transparentpapier zuschneiden: Länge = Umfang der Käseschachtel zuzüglich 2 cm für den Kleberand. Breite = Höhe der Laterne, die von jedem Kind selbst festgelegt werden kann.

Als Flammen werden aus den verschiedenfarbigen Transparentpapieren lange spitze Zacken gerissen und auf das weiße Transparentpapier geklebt. Dabei werden die Zacken auch übereinandergeschoben, das sieht wie echtes Feuer aus.
In den Boden der Schachtel zwei kleine Schnitte einritzen, die Laschen des Kerzenhalters durchschieben, umbiegen und gut festklemmen, damit der Kerzenhalter nicht wackelt.
Das mit Feuerflammen beklebte Pergamentpapier rund um den Schachtelrand festkleben, auch seitlich zusammenkleben.
Am oberen Rand der Laterne den Schachteldeckelrand oder einen anderen Pappstreifen einkleben. Zwei gegenüberliegende Löcher bohren, einen Draht durchschieben, zum Haltering biegen, die überstehenden Enden nach oben biegen und festwickeln.

Wenn die Kinder Spaß daran haben, können sie den kleinen Feuerkobold und die Feuerfee (siehe Seite 24/25) auf Tonpapier aufmalen, ausschneiden und auf die Flammenlaterne aufkleben. Jetzt tanzen sie dort um das Feuer, wie es in der Geschichte erzählt wird.

Feuerdrachenlaterne

Man braucht dazu eine Schuhschachtel, Bastelkarton, Transparentpapier in den Feuerfarben (siehe Seite 18), Kerzenhalter, dünnen Draht, Laternenstock, Schere und Klebstoff.

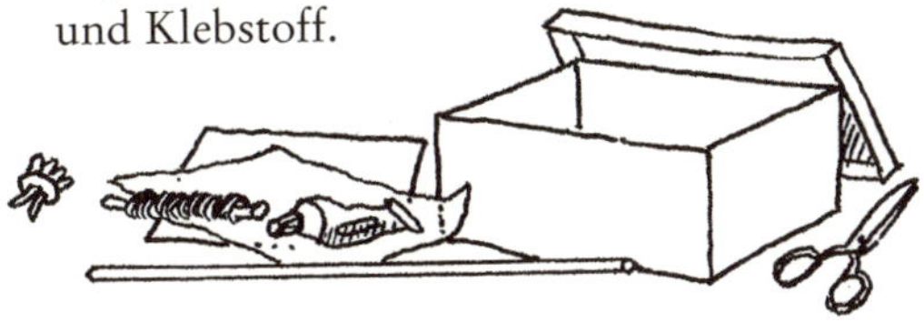

Und so wird's gemacht:
Die Schuhschachtel, ohne Deckel, ist der Drachenkörper. Wie soll der Drachen aussehen? Vielleicht wie der kleine, grüne, rotgetupfte Feuerdrache von der Geschichte auf Seite 38? Oder blau mit gelben Punkten, wie die Freunde des kleinen Feuerdrachens? Das entscheiden die Kinder und malen entsprechend mit Plakafarbe die Schuhschachtel außen und innen an.

Ist die Farbe trocken, werden viele Kreise oder Ecken oder Streifen in den Schachtelrand eingeschnitten und von innen her mit buntem Pergamentpapier überklebt. Bei Farbe und Form kommt es ganz darauf an, wie der kleine Feuerdrache aussehen soll.
Dann malen die Kinder auf Bastelkarton einen Drachenkopf mit Zähnen und einen gezackten Drachenschwanz. Kopf und Schwanz müssen etwa gleichlang sein, damit die Laterne später nicht schief hängt, werden angemalt und, wenn die Farbe trocken ist, an den Drachenkörper geklebt. Klar, daß im Drachenmaul eine kleine, rote Flamme zu sehen ist, denn ein bißchen kann ja der kleine Feuerdrache schon Feuer spucken.
Zum Schluß wird der Kerzenhalter im Schuhschachtel- Drachenkörper befestigt und die Laterne mit einem Draht aufgehängt, wie die Flammenlaterne.

Li-La-Laternenlicht

Text: Bernd Kohlhepp
Melodie: Jürgen Treyz

Leute löscht die Lichter aus,
kommt aus euren Häusern raus.
Lasset uns're Lichter scheinen,
auf den Straßen, auf den Steinen.

Refrain:
Li-La-Laternenlicht,
die Sonne scheint heut' abend nicht.
Weil sie wie am Tag,
ja nachts nicht schi-scha-scheinen mag.

Feuerzeuge, Taschenlampen
kann man heut' auch mal verschlampen.
All das braucht man heute nicht,
wir haben ja Laternenlicht.

Refrain: Li-La-Laternenlicht...

Straßenlampen an den Wegen,
ihr seid heut' ganz ungelegen.
Nur der Mond scheint mit den Sternen
und mit uns'ren Leuchtlaternen.

Refrain: Li-La-Laternenlicht...

Wer uns leuchten sehen kann,
schließe sich gleich hinten an.
Unser Zug soll sich verlängern
mit lauter Leuchtlaternensängern.

Refrain: Li-La-Laternenlicht...

4. Kapitel

Die Sonne

Sonnenschein

Die liebe Sonne

Es gibt nichts auf der Welt, was so bejubelt, bewundert, verehrt, besungen, beschrieben und beachtet wird wie die Sonne! Sie ist für uns etwas Besonderes. Das spüren auch die Kinder, und sie malen auf ihren Bildern meistens eine dicke, runde Sonne mit lachendem Gesicht und langen Sonnenstrahlen, die über das ganze Bild scheinen.
In Kinderliedern wird von der „lieben" Sonne gesungen. Und wenn die Oma zu ihrem Enkelkind sagt „Du bist mein kleiner Sonnenschein!", dann wissen die Kinder, daß die Oma damit etwas sehr Liebes und Schönes gemeint hat.
Wenn nach ein paar grauen Regentagen sich die Sonne wieder zeigt, dann erleben die Kinder viele gutgelaunte Erwachsene, die sich freuen, einander zurufen „Wie gut, daß die Sonne wieder scheint!" und dabei strahlen – wie die Sonne auf den Kinderbildern.

Sonnenfarben

Wie die Sonne aussieht, das wissen die Kinder längst und malen sie ohne Zögern so: Einen gelben, großen Kreis und lange, gelbe Sonnenstrahlen.
Doch, wie sieht die Sonne bei Nebel oder Regen aus, oder am Abend, wenn sie untergeht?
Die Sonne hat viele Gesichter. An einem Sonnentag ist sie hell und so grell, daß sie blendet. Halt! Vorsicht! Nicht gleich überprüfen und mitten in die Sonne schauen, denn dieses starke Sonnenlicht würde die Augen blenden, so daß man einige Zeit Sehstörungen bekommen kann. Da schützt auch eine Sonnenbrille nichts.
Bei Nebel oder hinter einem Wolkenschleier sieht die Sonne wie eine weiße Scheibe aus. Jetzt kann man sie ruhig betrachten, denn diese blassen Sonnenstrahlen blenden nicht mehr.
Und wenn die Sonne am Abendhimmel untergeht, kann sie rot, orange oder tiefrot aussehen. Auch dann darf man wieder in die Sonne schauen, denn die Lichtstrahlen sind jetzt nur noch schwach.

Das ist die Sonne

Wenn die Kinder neugierig geworden sind und mehr von der Sonne wissen wollen, dann können Sie dies erzählen:

Die Sonne ist riesengroß.
Sie ist viel, viel größer als die Erde. Nur weil die Sonne so weit weg ist, wirkt sie kleiner. Sie ist 150 Millionen km entfernt. Das ist unvorstellbar weit.

Das können die Kinder beobachten:
Wenn sie aus dem Fenster in die Ferne schauen, dann sehen sie auch die Häuser, Bäume und Menschen klein. Je weiter etwas entfernt ist, desto kleiner sieht es aus.

Die Sonne ist glühend heiß.
So wie ein Feuer Wärme ausstrahlt, (siehe Seite 48/49) so strahlt die Sonne ihre Sonnenwärme bis zur Erde.

Das können die Kinder beobachten:
Sie gehen in den Garten und lassen die Sonnenstrahlen auf ihre Arme scheinen. Bald spüren sie, wie die Haut warm wird.

Die Sonne leuchtet hell.
So wie die Flamme der Kerze leuchtet, wenn sie brennt, so leuchtet auch die glühende Sonne. Je mehr Kerzen brennen, desto heller wird es. Weil auf der Sonne unendlich viele, große Feuerflammen sind, die heller und heißer als alle Feuer der Erde sind, ist der Sonnenschein so hell und leuchtet bis zur Erde.

Das können die Kinder beobachten:
Wenn die Sonne am Abend verschwindet und nicht mehr zu sehen ist, dann wird es dunkel und nacht.

Die Sonne ist ein Gasball.
Sie ist rund wie ein Ball und besteht nur aus brennendem, glühendem Gas. Auf der Oberfläche des Sonnenballs stehen riesige hohe Gasflammen. Deshalb kann kein Mensch, kein Tier und keine Pflanze auf der Sonne leben.

Das können die Kinder beobachten:
Bei Nebel sehen die Kinder die runde Form der Sonne.

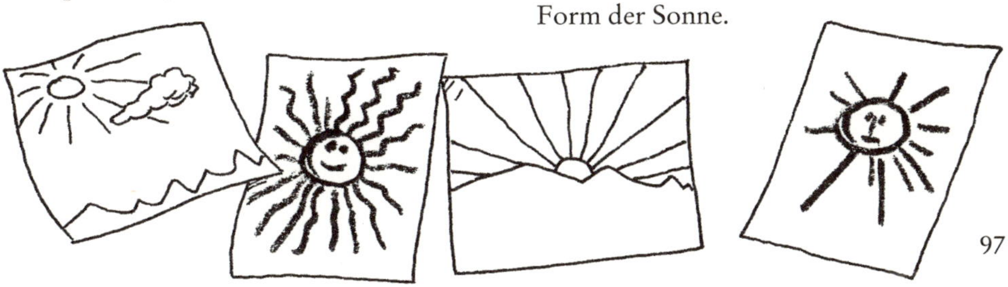

Sonnenstrahlen

Die Sonnenstrahlen sind wirklich so geradlinig, wie Kinder sie zeichnen. Das können Sie den Kindern mit diesem Experiment zeigen.

Sonnenstrahlen sehen

An einem sonnigen Tag ziehen Sie die Vorhänge zu und lassen nur einen schmalen Schlitz auf. Durch diesen Schlitz fallen die Sonnenstrahlen ins Zimmer. Wenn Sie etwas Mehlstaub durch die Sonnenstrahlen wirbeln lassen, dann sehen die Kinder das Strahlenbündel noch besser. Mehlstaub entsteht, wenn Sie auf einen Teller ein bißchen Mehl streuen und dieses über den Tellerrand wegblasen.
Auch im Wald kann man deutlich sehen, wie die Sonnenstrahlen in geraden Linien durch die Bäume bis zum Waldboden scheinen.

Sonnenstrahlen einfangen

Ein lustiges Spiel für die Kinder. Sie fangen mit kleinen Spiegeln die Sonnenstrahlen auf und lenken sie auf eine Wand oder auf den Boden. Jetzt tanzt dort ein kleiner „Sonnenpunkt“ hin und her, je nachdem, wie der Spiegel gedreht wird.

Spiegelspiele

Zu zweit: Ein Spieler muß mit seinem Strahlenpunkt den des andern fangen, das heißt treffen.
Zu viert: Drei Spieler haben runde Spiegel. Der vierte Spieler bekommt einen eckigen Spiegel und muß mit seinem Sonnenfleck die andern Sonnenpunkte fangen. Wenn er einen Sonnenpunkt getroffen hat, werden die Spiegel getauscht und der andere muß fangen.

Eine große Sonne im Garten

Man braucht dazu einen alten Wasserball mit einem Durchmesser von mindestens 30 cm, Zeitungspapier, Schreibpapier, Buntpapier in den Sonnenfarben sonnengelb, hellgelb, hellrot, dunkelrot und orangerot, Pinsel und Kleister, Stoffbänder in zwei Farben, beispielsweise sonnengelb und hellrot, einen großen, etwa 2 m langen Stab oder einen Besenstiel.

So wird die Sonne gebastelt:
Zeitungspapier in viele, tellergroße Teile reißen und in etwa drei oder vier Schichten mit Kleister auf den Ball kleben. Ein paar Tage trocknen lassen, bis die dicke Kleisterpapierschicht ganz durchgetrocknet ist. Dann eine Schicht weißes Kleisterpapier und zum Schluß das Buntpapier aufkleben. Den Sonnenball noch einmal gut trocknen lassen.

In den Sonnenball oben und unten kleine Löcher einschneiden, gerade so groß, daß der Stab durchgeschoben werden kann.
Als Sonnenstrahlen werden nun lange Bänder zugeschnitten. Etwa 10 Bänder zusammenhalten, ein Ende des Bänderbündels um den Stab wickeln und mit einem festen Leinenklebeband am Stab festkleben. Dabei das Klebeband mehrmals rundum wickeln, so daß ein dicker Klebebandring entsteht, über den auch der Sonnenball nicht mehr rutschen kann. Ein zweites Bänderbündel auf die gleiche Weise oben am Stab befestigen und gut ankleben, so daß jetzt der Sonnenball am Stab zwischen den Bändern festsitzt.

Nun kann man die Sonne mit dem Stab im Garten aufstellen und die Sonnenstrahlen ausbreiten.

Sonnentanz

Ein Kind hält die Sonne mit dem Sonnenstab fest, die andern Kinder nehmen in jede Hand ein Sonnenstrahlenband. Zu passender Musik oder einem Sonnenlied wird die große Sonne langsam um sich selbst gedreht. Und gleichzeitig wandern die Sonnenstrahlen-Kinder mit den Bändern in der Hand mit.

Sonnenwärme

Die Sonnenwärme kann so angenehm warm sein, daß man sich am liebsten in einen Liegestuhl oder auf die Wiese legen, die Arme ausbreiten und die Wärme auf der Haut spüren möchte.
Doch kann die Sonne auch ganz schön heiß werden und eine Hitze verbreiten, daß man ordentlich ins Schwitzen kommt und sich lieber unter einen schattigen Baum setzt oder sich beim Wasserplanschen abkühlt. Die Sonne kann mit ihrer Wärme noch viel mehr machen:

Die Sonne kann...

...den Boden erwärmen
Das spüren die Kinder, wenn sie sich auf den warmen Steinboden oder auf die Wiese setzen und mit der Hand die Wärme prüfen.

...Wasser erhitzen
Das beobachten die Kinder, wenn sie eine Schüssel mit Wasser füllen und in die Sonne stellen. Bald ist das Wasser warm. Vorsicht, bei sehr starker Sommersonnenhitze kann das Wasser sogar heiß werden!

...Metall erwärmen
Die Kinder legen einen Gegenstand aus Metall in die Sonne, zum Beispiel einen Löffel, einen Schlüsselbund oder einen Topf. Bald fühlen sie, wie das Metall wärmer und wärmer wird. Auch hier heißt es bei starker Sommerhitze: Vorsicht heiß!

... Schokolade schmelzen

Die Kinder legen ein Stück Schokolade auf einem Teller in die Sonne. Es dauert nicht lange, und die Schokolade wird flüssig. Jetzt kann jeder mit dem Finger ein klein bißchen von der warmen Schokoladensoße aufnehmen und probieren.

... Feuer entzünden

Das wird die Kinder überraschen, wenn die Sonne sogar ein Feuer entfacht. Wie das? Mit einem Vergrößerungsglas! Weil die Kinder inzwischen gelernt haben, sicher und vorsichtig mit Feuer umzugehen (siehe Kapitel 1), können Sie dieses Experiment ruhig durchführen. Nehmen Sie als Brennmaterial ein Stück Papier und als Untergrund den Stein- oder Betonboden.

... Wasser verdunsten

Die Kinder stellen einen flachen Teller in die Sonne und füllen etwas Wasser ein. Nach einigen Stunden ist das Wasser verdunstet.

TIP: Mehr zu diesem Thema siehe Band 1 „Wasser“, Seite 50-51.

... Farben verändern

Die Kinder legen ein weißes oder buntes Blatt Papier direkt in die Sonne. Nach ein paar Tagen können sie sehen und mit andern Papieren vergleichen, daß die Sonne die Farben ausgebleicht hat.

Sonnenschutz

Die Sonne kann brennend heiß und stechend hell werden, dann heißt es für die Kinder: aufgepaßt. Denn die ultravioletten Lichtstrahlen der Sonne sind schädlich.

Die Augen schützen!

Die dunklen Gläser der Sonnenbrille schützen die Augen vor den starken Sonnenstrahlen. Beim Kauf einer Sonnenbrille sollte man darauf achten, daß die Gläser wirklich die UV-Strahlen zurückhalten können.
Auch ein Sonnenschild kann mit seinem Schatten den Augen einen Schutz bieten.

Die Haut schützen!

Die Haut hat bereits einen Sonnenschutz, es sind viele kleine Pigmente, die dicht unter der Haut liegen. Wenn die Sonne sehr stark auf die Haut scheint, bilden sich noch mehr Pigmente. Sie schließen sich dicht zusammen, um nur noch wenig UV-Strahlen durchzulassen und den Körper zu schützen. Bei diesem Vorgang verfärbt sich die Haut dunkel. Man sagt dazu Sonnenbräune – genauer gesagt, müßte es Sonnenschutzbräune heißen. Denn es ist nicht die Sonne, die die Haut bräunt, sondern es sind die Pigmente unter der Haut, die dieser die braune Färbung geben. Deshalb wird die Haut auch im Schatten braun, wenn keine Sonne direkt darauf scheint.

Vorsicht: Sonnenbrand!

So wie man die Haut an den Flammen eines Feuers oder am Rand eines heißen Topfes verbrennen kann und Brandblasen entstehen, so kann sie auch von der Sonne verbrannt werden.
Zuerst wird die Haut rot und ein „Sonnenbrand" ist zu sehen. Das passiert vor allem dann, wenn die Haut noch blaß ist und wenig Pigmente vorhanden sind, um die Haut zu schützen.
Ein Sonnenbrand, also verbrannte Haut, tut sehr weh. Deshalb sollten die Kinder, solange sie noch eine helle Haut haben, einen langärmeligen, dünnen Pulli als „Hautschutz" gegen zu starke Sonnenbestrahlung tragen.

Sonnenschutzkleidung

Welche Kleidung ist als Sonnenschutz geeignet? Soll das Sonnenschutzhemd so dunkel wie der Schatten oder so hell wie die Sonne sein? Ausprobieren!
Die Kinder legen oder stellen verschiedene Gegenstände in die Sonne:

- ein weißes und ein schwarzes Papier;
- einen weiß und einen schwarz angemalten Pappbecher;
- einen weißen und einen schwarzen Pullover.

Nach ein oder zwei Stunden vergleichen die Kinder die Temperatur:

- Sie legen jeweils eine Hand auf die beiden Papiere. Welches ist wärmer?
- Sie messen das Wasser in den beiden Pappbechern mit einem Badethermometer. Welches ist heißer?
- Sie schlüpfen in den weißen und dann in den schwarzen Pullover. Welcher ist wärmer?

Im Schatten ist es schön!

Wenn die Sommersonne so richtig heiß auf die Erde brennt, daß man auf keinen Stein mehr sitzen kann...
...und wenn die Kletterstangen im Kindergarten so heiß sind, daß man sie nicht mehr anfassen kann...
...und wenn sich die Leute in ihre Häuser verkriechen, die Rolläden herunterlassen, um die Sonne auszusperren...

...und wenn sich draußen die Hunde mit heraushängender Zunge in schattige Winkel zurückziehen und die Vögel in den schattigen Wald fliehen und sich keine Maus mehr sehen läßt...
...und wenn die Kindergartenkinder trotzdem hinaus in den Garten wollen...
...dann sollten Sie mit den Kindern draußen viele schattige Plätze aufbauen, für Kühlung sorgen und mit den Kindern diesen heißen Sommertag als Hitzefest feiern. Was gibt es da zu tun?

- Sonnenschirme aufstellen (ausleihen).
- Sonnenzelte aus weißen Bettlaken über das Kettergerüst hängen und mit Schnüren festspannen.
- Sonnenhüte aus weißem Papier falten.
- Den Steinboden immer wieder mit Wasser besprengen.
- Viele Wassereimer aufstellen, in denen die Kinder ihre Füße abkühlen können. (Aber keine Planschbecken aufstellen, denn Wassertropfen auf der Haut wirken jetzt wie Brenngläser!)

Sonnenhüte selbstgebastelt

Die Kinder sind selbst die Sonnen-Hutmacher und legen bei der Hutschneiderei Hand an.

Man braucht für die Hüte weißen oder anderen hellen Karton, weißes Seidenpapier oder dünnen weißen Stoff, Pinsel und Kleister, Schere, dünnes Gummiband.

Und so wird's gemacht:

Aus dem Karton eine Scheibe im Durchmesser von etwa 30 cm ausschneiden. Das ist die Hutkrempe.

In der Mitte einen Kreis in Kinderkopfgröße ausschneiden, so daß die Hutkrempe gut paßt, aber nicht zu eng sitzt.

Zwei Streifen aus Karton ausschneiden, 3-4 cm breit und 30-40 cm lang. Daraus wird die Kappe gemacht: Die beiden Streifen kreuzweise aufeinanderlegen, zur Kappenform umbiegen, und mit einem umgeknickten Rand so an die Hutkrempe kleben, daß der ganze Hut gut sitzt, also nicht zu tief und nicht zu knapp.

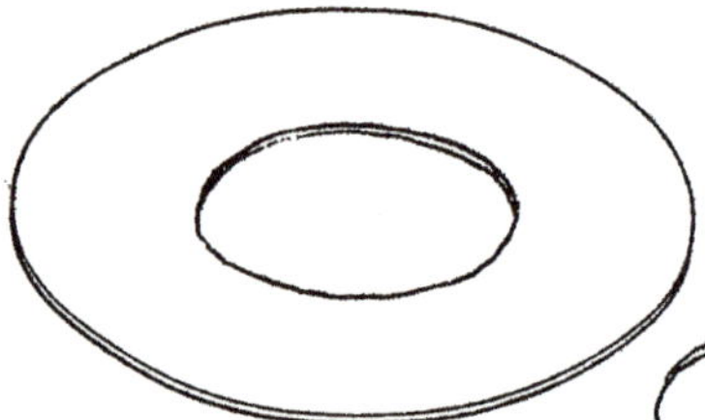

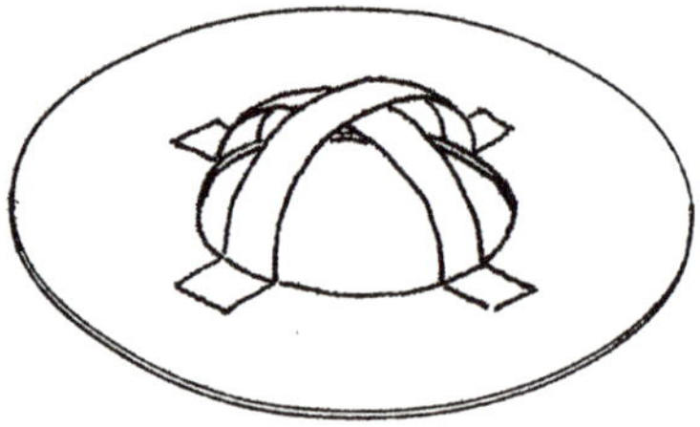

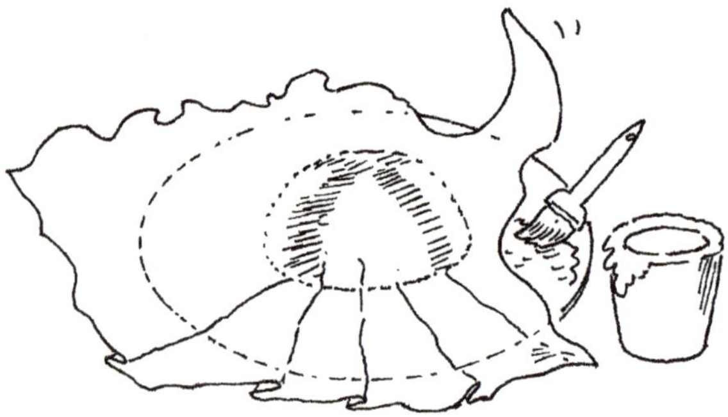

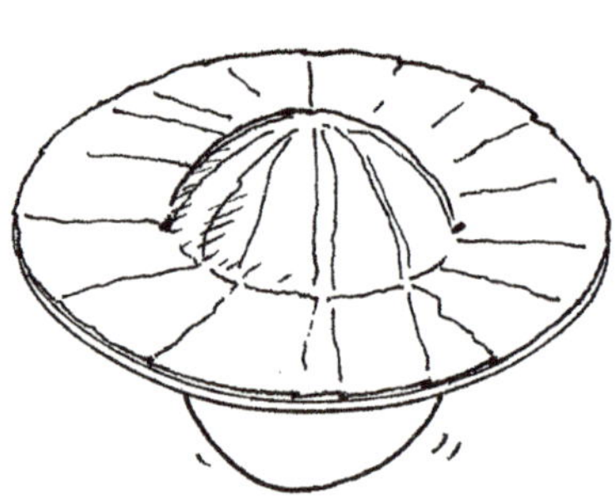

Jetzt wird der Hut mit dem weißen Seidenpapier, Vlies oder Stoff bezogen. Dazu schneidet man ein Quadrat mit etwa 70 cm Seitenlänge zu. Dann streicht man nur die Hutkrempe, nicht die Streifen der Kappe, dick mit Kleister ein und legt den Stoff locker über den ganzen Hut. Der Bezug wird auf die Hutkrempe fest angedrückt. Den Stoff dabei nicht straff spannen, damit die Kappe ihre runde Form behält. Die Falten auf der Hutkrempe plattdrücken und den überstehenden Rand abschneiden.

Zum Schluß ein Gummiband durch kleine Löcher links und rechts an der Hutkappe durchziehen und verknoten.

Ist der Kleister getrocknet, kann jeder seinen Sonnenhut verzieren und schmücken, zum Beispiel:
Eine bunte Feder anheften, eine selbstgemalte und ausgeschnittene Papiersonne aufkleben, Schmetterlinge oder Blumen aus Papier falten und aufkleben, Bänder anknüpfen oder bunte Punkte mit Pinsel und Plakafarben auftragen.

Ein Sonnenfest im Kindergarten

Überraschen Sie die Kinder mit einem Sonnenfest an einem Nachmittag, mitten in der Woche! Da keine großen Festvorbereitungen getroffen werden müssen, ist die einzige Voraussetzung für das Fest: Ein Sonnentag!
Sie können auch die Eltern oder eine andere Gruppe aus dem Kindergarten einladen. Mit den Eltern oder den Kolleginnen ist der Termin schnell abgesprochen.

Festbeginn

Am Eingang steht ein Basteltisch mit Bastelmaterial für Sonnenhüte. Denn jeder Besucher muß als „Eintrittskarte" einen Sonnenhut tragen. Die Bastelarbeit ist auf Seite 104-105 beschrieben. Allerdings werden die Hüte nicht mit Stoff und Kleister, sondern mit Kreppapier und Klebstoff bezogen. Das klebt schneller. Wichtig! Es müssen viele bunte Kleinigkeiten als Hutschmuck auf dem Basteltisch liegen, zum Beispiel: Bänder, Federn, Perlen, Papierblumen aus Kreppapier, Papierschiffchen zum Selberfalten, Stoffreste, Seidenpapier, bunte Wolle, auch Naturmaterial wie Tannenzapfen, Moos, Zweige, Blätter sowie Sicherheitsnadeln zum Anstecken oder doppelseitiges Klebeband zum Festkleben.

Das Festprogramm

Das Programm des Sonnenfestes steht auf einem großen Plakat geschrieben. Die Kinder malen oder kleben dazu bunte Bilder, damit sie an ihren Bildern den Ablauf des Festes „ablesen“ können.

Schattenbilderspiele

Eltern und Kinder spielen gemeinsam. Als Spiele eignen sich das Schatten-Versteckspiel (siehe Seite 74) und das Schattenzirkus-Spiel (siehe Seite 75).

Schattenbilder malen
Eine Wand oder ein Steinboden wird in eine Schattenbilder-Kunstgemäldegalerie verwandelt. Jeder stellt sich in einer lustigen Pose auf (siehe Spiel Seite 96), und mit bunter Tafelkreide werden die Schattenumrisse nachgezeichnet. Dabei können sich die Schattenbilder auch überschneiden, das sieht sehr interessant aus.

Wettspiel: Spiegelspiel
Die Spielregel ist auf Seite 98 beschrieben. Daraus wird ein Wettspiel für Groß und Klein. Die Kinder haben gute Gewinnchancen, denn sie konnten dieses Spiel ja lange vorher üben. Das Wettspiel geht so: Wer schafft es, in einer Minute mit seinem Sonnenfleck die andern 5 Sonnenpunkte einzufangen? Wer gefangen wird, nimmt seinen Sonnenpunkt weg, das heißt, er deckt seinen Spiegel ab.

Sonnenkuchen und Sonnenwasser

Ein Zitronenkuchen wird in einer flachen, runden Kuchenform gebacken und erhält ein Marmelade-Sonnengesicht.
Das Sonnenwasser hat eine schöne Sonnenfarbe und wird aus Sprudel, ausgepreßtem Zitronensaft und Himbeersirup gemixt.

Sonnentanz

Der Tanz wird zum Abschluß aufgeführt. Alle können mitmachen! Dazu werden entsprechend mehr Sonnenstrahlen am Sonnenstab befestigt (Siehe Seite 99). Jeder Tänzer hält diesmal nur einen Sonnenstrahl fest.

Die Sonne hat Kraft

Nützliche Sonne

Die Sonne schickt mit ihren Sonnenstrahlen unbegrenzt viel Wärme und Energie zur Erde. Es ist so viel, daß wir Menschen mit unseren Heizungen und Maschinen nie alles aufbrauchen können. Wenn man bedenkt, daß die anderen Energiequellen wie Kohle, Erdöl und Erdgas (siehe Seite 58/59) einmal verbraucht sein werden, ist es an der Zeit zu überlegen, wie man die Sonnenkraft besser nutzen kann.
Diese Aufgabe versuchen viele Wissenschaftler und Techniker zu lösen. Sie experimentieren und erfinden Maschinen, mit denen man die Sonnenenergie für unsere Bedürfnisse nutzbar machen kann: Zum Beispiel könnten wir mit der Wärme der Sonnenstrahlen heizen und kochen, Maschinen und Fahrzeuge antreiben und Geschäfte und Farbriken mit Strom versorgen. Doch diese energietechnischen Möglichkeiten werden noch viel zu wenig genutzt.

Sonnenenergie

Mit dem Begriff „Energie“ können die Kinder wenig anfangen. Doch wenn Sie den Kindern zeigen, was Energie bewirkt, dann verstehen sie das schwierige Wort und finden es vielleicht sogar aufregend, so einen komplizierten Begriff zu lernen. Beispiele für Sonnenenergie:

Taschenrechner
Im Taschenrechner sind Solarzellen mit vielen dünnen Plättchen (aus Silicium, das in Kristallform zu dünnen Plättchen verarbeitet ist). Wenn Sonnenlicht auf diese Solarzellen fällt, entsteht zwischen den Plättchen eine elektrische Spannung, also Strom – und schon funktioniert der Taschenrechner.

Sonnen-Glaskugel
Im Innern einer Glaskugel ist ein kleines Flügelrad aus Metallplättchen. Sobald Sonnenstrahlen auf die Kugel treffen, dreht sich dieses Flügelrad.

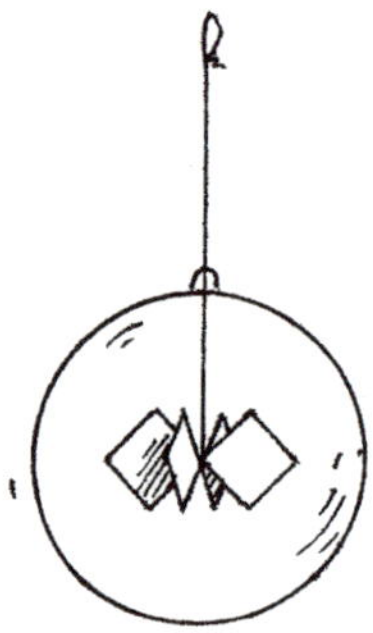

Blick in die Zukunft

Sonnenenergie hat große Vorteile, sie macht keine Umweltverschmutzung: Es entsteht kein Rauch, und es werden keine giftigen Gase ausgeschieden (siehe Seite 58/59). Die Sonnenenergie wird zur Zeit nur in kleinen Mengen genutzt, und die Herstellung von Solarzellen ist noch sehr teuer. Doch eines Tages könnte die Technik soweit sein, daß wir nur noch Sonnenenergie verwenden werden.

Gefährliche Sonne

Ein Teil der Sonnenstrahlen ist für uns Menschen gefährlich: Die ultravioletten Strahlen. Es ist das UV-Licht. Dieses schadet uns Menschen, wenn wir zuviel davon abbekommen. Zum Glück haben wir rund um die Erde eine Ozonschicht, die wie ein Sonnenschirm vor den gefährlichen UV-Strahlen schützt. Diese Luftschicht umgibt die Erde und befindet sich etwa 30 000 m hoch oben am Himmel.
Ozon ist ein Gas, das einen großen Teil der UV-Strahlen nicht durchläßt.

TIP: Wenn Sie den Kindern mehr über die Luftschichten erzählen wollen, dann schauen Sie doch mal in Band 2 „Luft" nach.

Die Sache mit dem Ozonloch

Diese schützende Ozonschicht wird immer mehr zerstört. Von wem? Kaum zu glauben, aber wahr: Von den Menschen selbst! Wir machen diese Luftschicht kaputt, genauer gesagt: Wir verwenden in unserem Alltag Dinge, bei deren Gebrauch oder Herstellung ein Gas entweicht, das die Ozonschicht zerstört.
Dieses Gas nennt man FCKW, es wird zum Beispiel als Treibgas bei Spraydosen eingesetzt oder als Kühlflüssigkeit bei Kühlschränken und Klimaanlagen verwendet, und es entsteht bei der Herstellung von Styropor und anderen Schaumstoffen.

Information für Schlaumeier:
FCKW ist die Abkürzung für Fluorchlorkohlenwasserstoff. Dieses Gas steigt in die Atmosphäre auf, erreicht die Ozonschicht und zerstört bzw. zersetzt sie. Der Ozongürtel um die Erde wird dünner, bekommt Risse und Löcher, und die UV-Strahlen der Sonne können dort ungehindert auf die Erde treffen.

Was ist zu tun?

Darauf können schon die Kinder achten:

- Keine Spraydosen mit Treibgas benutzen!
- Keine Dinge kaufen, die in Styropor verpackt sind.

Sonne und Erde

Die Sonne ist weit weg

So können Sie den Kindern zeigen, daß etwas, was weit entfernt ist, auch sehr klein aussieht: Gehen Sie mit den Kindern auf eine große Wiese, in einen Park oder auf einen Sportplatz. Nehmen Sie einen roten Ball mit. Die Kinder bleiben an einer Ecke des Geländes stehen. Der Ball wird in einiger Entfernung auf den Boden gelegt und immer wieder ein Stück weiter weg gerollt. Dabei können die Kinder sehen, wie der rote Ball kleiner und kleiner wird und schließlich nur noch als kleiner, roter Punkt zu sehen ist. So ist es auch mit der Sonne!
Die Sonne ist riesengroß! Viel, viel größer als die Erde. Doch weil die Sonne so weit, weit weg ist, sehen wir sie als kleinen Ball am Himmel.

Information für Schlaumeier:
Die Sonne ist etwa 150 Millionen km entfernt, und der Sonnenball ist 1 millionmal größer als der Erdball. Doch das können sich die Kinder nicht vorstellen. Sie finden es schon spannend genug zu wissen, daß die Sonne viel größer als die Erde ist, obgleich sie am Himmel so klein aussieht.

Nicht die Sonne wandert, sondern die Erde dreht sich!

Die Sonne wandert den ganzen Tag über am Himmelszelt. Das haben die Kinder bereits bei ihren Schattenspielen beobachtet (siehe Seite 76/77).
Doch, wie werden die Kinder staunen, wenn sie hören, daß nicht die Sonne dort oben am Himmel wandert, sondern daß die Erde sich dreht und deshalb der Stand der Sonne sich ständig ändert.
Wollen Sie den Kindern von diesen interessanten Erkenntnissen über das Sonnensystem erzählen? Vielleicht fragen die Kinder auch selbst danach, weil sie davon gehört oder Bilder darüber gesehen haben.

Alles dreht sich

Die Erde kreist rund um die Sonne. Doch wir Menschen spüren nichts von diesem Kreisen. Diese Reise der Erde um die Sonne dauert ein ganzes Jahr. So kommt es, daß wir verschiedene Jahreszeiten haben, also den milden Frühling, den heißen Sommer, den kühlen Herbst und den kalten Winter (mehr darüber siehe Seite 114).

Während die Erde die Sonne umrundet, dreht sich die Erde auch noch um sich selbst. Wir Menschen spüren auch nichts von diesem Drehen. So eine Drehung dauert 24 Stunden, also einen ganzen Tag und die Nacht noch dazu. Das ist der Grund, warum es am Tag hell und in der Nacht dunkel ist (mehr darüber siehe Seite 116/117).

Auch die Sonne dreht sich um sich selbst. Sie braucht dazu 27 1/3 Tage. Doch weil die Sonne ihre Strahlen in alle Himmelsrichtungen gleichstark abgibt, fällt uns diese Drehung nicht auf.

Da gibt es noch etwas, was bei diesem Kreisen und Drehen ständig dabei ist. Es ist der kleine Mond. Auch er ist eine Kugel und kreist ständig um die Erde. Deshalb steht er am Himmel mal da, mal dort und ist mal halb, mal ganz und mal gar nicht zu sehen (siehe Seite 122/123).

Sonnenspiel

Bei diesem Spiel können Sie den Kindern alle Kreis- und Drehbewegungen von Sonne, Erde und Mond veranschaulichen. Ein Kind spielt die Sonne und bekommt einen großen, roten Ball. Diesen Ball hält es in die Höhe und dreht ihn, so wie sich auch die Sonne um sich selbst dreht.

Ein anderes Kind spielt die Erde, hält einen kleinen, grünen oder blauen Ball hoch und wandert damit in einem großen Kreis um die „Sonne", gleichzeitig aber dreht es auch seinen „Erd-Ball" um die eigene Achse.

Wenn dies geglückt ist, geht das Sonnenspiel weiter: Der Mond kommt mit ins Spiel. Ein drittes Kind spielt den Mond und bekommt einen kleinen, gelben Ball.

Jetzt muß der „Mond-Ball" rund um die Erde kreisen, wobei gleichzeitig das Kind mit der „Erde" rund um die „Sonne" wandert.

Applaus für die drei Spieler, wenn sie diese schwierige Jahres-Runde geschafft haben!

TIP: Weitere Spiele mit der Erde als „Erdball" siehe Band 3 „Erde", 4. Kapitel.

Ein ganzes Jahr

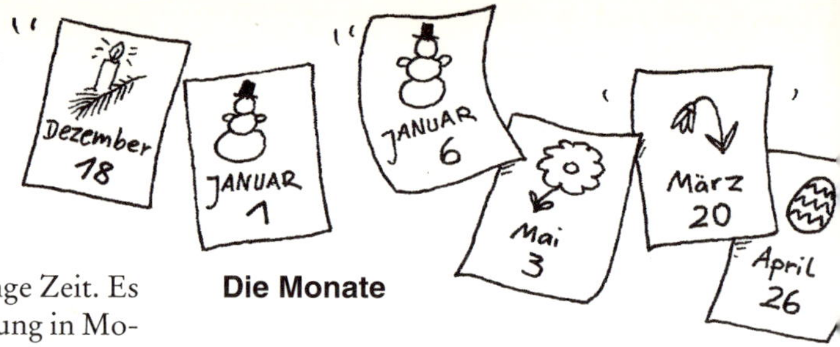

Ein Jahr ist für Kinder eine lange Zeit. Es ist für sie nicht eine Zeiteinteilung in Monate und Tage, sondern eine Folge von Erlebnissen und Höhepunkten, auf die sie sich freuen und an die sie sich erinnern können. Da gibt es im Verlauf eines Jahres den Geburtstag, dann Ostern und Weihnachten, auch die großen Sommerferien und den Winter mit Schnee.

Mit dieser Spiel- und Bastelidee wird den Kindern das Jahr mit seinen vielen Tagen begreiflicher. Sie brauchen dazu eine lange Wäscheleine, 365 Malblätter Din A5 und 365 Wäscheklammern.

Großer Boden-Kalender

Gespielt wird in einem großen Raum oder, wenn die Sonne scheint, draußen im Garten. Die Spielfläche sollte so groß sein, daß Sie mit der Wäscheleine einen Kreis von etwa 10m Durchmesser auf den Boden legen können. Je größer, desto besser, denn es werden zum Schluß alle 365 Malblätter auf diesem Kreis ausgelegt.

Wenn der Platz, den Sie für dieses Spiel zur Verfügung haben, kleiner ist, dann sollten auch die Malblätter kleiner ausfallen, zum Beispiel DIN A6.

Die Monate

Beginnen Sie das Legespiel mit den Monaten. Alle zwölf Monate werden den Kindern einzeln vorgestellt, zum Beispiel:

Im Januar ist es kalt, da müssen wir uns warm anziehen, wenn wir in den Garten gehen. Und auf der Wiese liegt Schnee. Wir können einen Schneemann bauen!

Im Februar feiern wir Fastnacht. Wir verkleiden uns als Bär, Prinzessin, Cowboy oder Clown!

Im März wird es schon etwas wärmer, und die ersten kleinen Blumen blühen, die Schneeglöckchen und Krokusse.

Im April feiern wir das Osterfest. Da kommt der Osterhase und versteckt im Garten bunte Ostereier.

So oder ähnlich erzählen Sie von den einzelnen Monaten. Während Ihrer Erzählung malen Sie mit wenigen Strichen auf das vorbereitete Malpapier jeweils etwas Typisches, von dem Sie gerade berichten. Also zum Beispiel für Januar einen Schneemann, für Februar ein Clown-Gesicht, für März ein Schneeglöckchen und für April ein Osterei. Dann schreiben sie auf alle Blätter den Monat und dazu eine Eins, das heißt, diese Zeichnungen werden jeweils das erste Kalenderblatt der einzelnen Monate sein. Zum Schluß verteilen Sie alle 12 Blätter auf dem Jahreskreis, der ausgelegten Wäscheleine. Die Kinder klammern die Blätter mit Wäscheklammern fest.

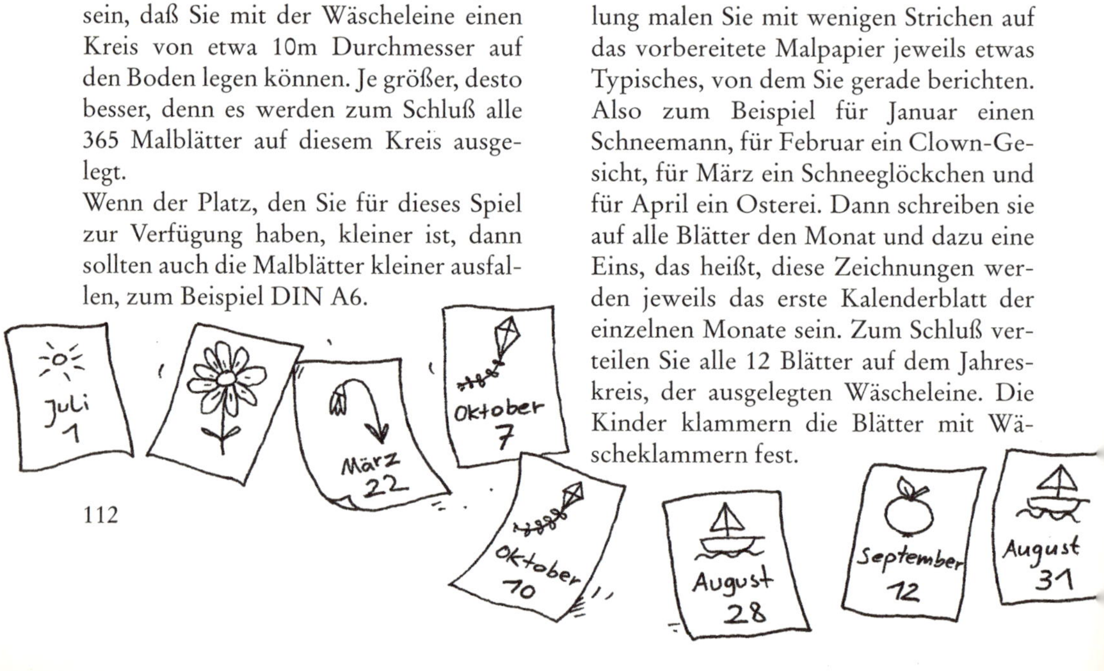

Die Tage

Die weitere Malarbeit am Jahreskreis können Sie über mehrere Tage verteilen und unter verschiedenen Gesichtspunkten gestalten, so daß nach und nach der Jahrekreis mit allen „Tagesblättern" aufgefüllt wird.
Legen Sie dabei immer wieder den Jahreskreis mit allen bisher gemalten Blättern aus. Die neuen Blätter bekommen im Kalenderkreis ihren entsprechenden Platz.

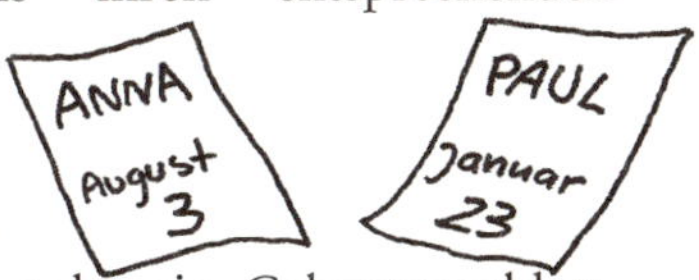

Geburtstage
Jedes Kind malt sein Geburtstagsblatt. Sie schreiben Namen und Datum darauf und legen es an die richtige Stelle.

Feiertage
An welche Feier- und Festtage erinnern sich die Kinder? Da gibt es Heilig Abend und den 1. und 2. Weihnachtsfeiertag, dann kommt Silvester, die Heiligen Drei Könige, Frühlingsanfang, Muttertag... usw. Schauen Sie Ihren Kalender durch, und Sie werden überrascht sein, wie viele besonderen Tage so ein Jahr hat. Die Kinder malen wieder die entsprechenden Kalenderblätter dazu.
Weitere Themen oder Motive für den Kalender: Natur, Jahreszeiten, Spiele drinnen, Spiele draußen, Pflanzen, Obst, Tiere oder einfache Muster wie Kreise, Herzen und Sterne.

Das Jahr ist um

Alle Kalenderblätter sind gemalt, und die Monate und Tage haben Sie darauf geschrieben. Jetzt kann der Jahreskreis in vollem Umfang ausgelegt werden. In die Mitte des Kreises kommt eine große, gelbe Pappscheibe als Sonne. Jetzt kann die Reise der Erde um die Sonne beginnen. Nehmen Sie dazu einen kleinen Ball, vielleicht haben Sie sogar einen, der wie eine Weltkugel aussieht. Ein Kind trägt die Erdkugel und alle wandern mit dieser Erde am Jahreskreis entlang. Dabei schauen die Kinder ihre Zeichnungen an und erleben in ihrer Phantasie das ganze Jahr, eben die Zeit, die die Erde braucht, um einmal um die Sonne zu kreisen:
Da steht der Schneemann, dort blühen Frühlingsblumen, jetzt ist das Muttertagsherz zu sehen, hier gehen die Kinder ins Freibad, denn es ist Sommer, da sind die Laternen vom St.Martinsumzug zu sehen, und dort lacht der Nikolaus.

Die Jahreszeiten

Im Sommer gehen die Kinder baden und können den ganzen Tag draußen im Garten spielen. Im Winter tragen die Kinder warme Pullover und spielen und basteln drinnen im Gruppenraum. Doch, woher kommt es, daß es im Sommer heiß und im Winter kalt ist?
„Im Winter ist die Sonne weiter weg, und deshalb ist es nicht mehr so warm." Falsch! Das ist ein Irrtum, denn der Abstand zwischen Erde und Sonne bleibt immer gleich! Hier die richtige Antwort:

Die Erde dreht sich schief

Die Erde dreht sich, das wissen die Kinder bereits. Jetzt kann man ihnen erklären, daß sich die Erde etwas schief zur Sonne dreht. „Erdachse" und „geneigter Winkel" sind Begriffe, die die Kinder noch nicht verstehen können. Doch können Sie den Kindern zeigen, wie der schiefe Winkel aussieht:
Nehmen Sie einen Globus (ausleihen!), ein Kind steht als Sonne mitten im Raum, und Sie wandern mit dem sich drehenden Globus im Kreis um die Sonne. Jetzt sehen es die Kinder: Die Erde dreht sich schief!

Sommerhitze und Winterkälte

Mit diesem Experiment können Sie den Kindern verdeutlichen, wieso es im Sommer heiß und im Winter kalt ist.
Nehmen Sie zwei gleichgroße schwarze Kuchenspringformen und lösen den Boden heraus. Dann stecken Sie die beiden Böden in verschiedenen Winkeln zum Sonnenstand in den Sand: Bei einem Boden treffen die Strahlen voll auf die ganze Bodenfläche, beim andern treffen die Strahlen nur seitlich auf den Rand. Sie können die Böden zusätzlich an Steine lehnen, damit sie im Sand nicht umfallen und im richtigen Winkel zur Sonne stehenbleiben.
Und nun heißt es etwa 30 Minuten warten. Dann kann der Wärmetest beginnen: Sie nehmen die Böden und lassen die Kinder mit der Handinnenfläche die Wärme testen. Auf welchem Boden ist heißer Sommer, auf welchem kühler Winter?

In anderen Ländern

Das Thema „Jahreszeiten" ist ein altbekanntes Thema im Kindergarten. Es gibt viele Spiele, Geschichten und Bastelideen, mit denen sie den Kindern die Unterschiede der Jahreszeiten zeigen und erklären können: die Landschaften, die Pflanzen, die Tiere, die Kleidung, die Spiele der Kinder ...
Vielleicht interessiert es die Kinder, was in andern Teilen der Erde passiert, wenn in Deutschland Frühling, Sommer, Herbst oder Winter ist?

Am Äquator

Äquator heißt die Linie rund um den „Bauch" der Erdkugel. Doch gibt es diese Linie in Wirklichkeit nicht, das haben sich die Menschen nur ausgedacht.
Am Äquator ist es am heißesten, weil dort die Sonnenstrahlen senkrecht auftreffen. Es gibt dort keine vier Jahreszeiten, sondern einen heißen Sommer und einen Winter mit heftigen Regenfällen.
(Siehe auch Band 3 „Erde", 4. Kapitel)

An den Polen

Die Gebiete oben und unten auf der Erdkugel nennt man Pole. Dort gibt es die vier Jahreszeiten auch nicht. Die Sonnenstrahlen fallen schräg auf die Pole und können den Erdboden nicht ausreichend aufwärmen. Deshalb ist es dort sehr kalt und das Land ist das ganze Jahr über mit Schnee und Eis bedeckt.
(Siehe auch Band 1 „Wasser", Seite 124).

Auf der anderen Seite der Erde

Wenn wir in Deutschland heißen Sommer haben, ist auf der anderen Seite der Erde kalter Winter. Wenn wir Winter haben und nur mit Mantel und Schal draußen spazierengehen können, dann haben die Menschen auf der anderen Seite Sommer und gehen baden. Wenn bei uns Frühling wird und die Blumen und Bäume blühen, dann ist dort Herbst, die Blumen sind verblüht, und die Herbstblätter fallen zur Erde. Und wenn bei uns Herbst- und Erntezeit ist, dann ist auf der anderen Seite der Erde Frühling, und alles beginnt erst wieder neu zu wachsen.

Tag und Nacht

Wenn der Tag zur Nacht wird

... dann scheint sich die ganze Welt zu verändern! Tagsüber ist es laut, hektisch und hell, Fußgänger eilen die Straße entlang, vor den Geschäften werden Waren ausgebreitet, Autos fahren hupend um die Ecke, staubige Luft wirbelt auf, es riecht nach Essen, Hunde bellen, die Sonne strahlt hell am Himmel ...
Doch am Abend ist alles anders, es wird still, ruhig und dunkel, die Menschen sitzen zu Hause, die Geschäfte haben geschlossen, die Straßen sind leer, der Staub hat sich gelegt, es riecht nach feuchter, kühler Abendluft, keine Hunde sträunen mehr umher, nur Katzen schleichen leise um Hausecken, die Sonne ist verschwunden und am dunklen Abendhimmel kommen die Sterne zum Vorschein.
Jeder erlebt den Abend auf seine Weise. Erzählen Sie den Kindern, was Sie am Abend schön finden. Und lassen Sie dann die Kinder berichten, was ihnen am Abend so gut gefällt!

Die Sonne geht unter

„Schau, die Sonne geht unter!" So sagen wir, wenn die Sonne am Horizont verschwindet. Und so haben es die Kinder bisher gehört, in Geschichten, in Liedern, in Gedichten und Reimen: Die Sonne geht morgens auf, es wird hell und warm. Dann wandert sie über den Himmel und steht mittags hoch oben, abends verschwindet sie wieder und geht unter. Es wird dämmrig, dunkler, und die Nacht ist da.
Und das soll nun ganz anders sein? Das zu verstehen fällt den Kindern schwer. Sollen all die schönen Gedichte und Lieder nicht stimmen?
Wenn die Kinder jetzt verunsichert sind, können Sie ihnen folgende Lösung des Problems anbieten; erfahrungsgemäß verstehen das die Kinder.
Es geht es nicht um Richtig oder Falsch, sondern um das, was wir sehen und das, was wir wissen:
Für uns Menschen auf der Erde sieht es wirklich so aus, als würde sich die Sonne von einer Seite auf die andere bewegen, als würde sie aufgehen, über den Himmel wandern und auf der gegenüberliegenden Seite wieder untergehen. So sehen wir es – und deshalb können wir es auch so beschreiben! Obgleich wir wissen, daß es die Erde ist, die „wandert" und sich dabei dreht.

Sonnenseite – Schattenseite

Mit diesem Experiment verstehen die Kinder, warum es Tag und Nacht, oder hell und dunkel wird. Lassen Sie die Kinder diesen Versuch selbst durchführen. Das beeindruckt sie, wenn sie selbst bestimmen können, wann und wo auf ihrer kleinen Erde, einem selbstgebastelten Modell, Tag und Nacht herrscht.

Die Erde
Nehmen Sie einen alten Gummiball, stechen oben und unten mit der Scherenspitze einen kleinen Schlitz ein und schieben eine lange Stricknadel durch. Das ist die „Erde“. Jetzt malen die Kinder kleine Bäume, Häuschen, Tiere und Menschen, schneiden die Figuren aus und kleben sie rund um den Ball. Die Erde ist bevölkert.

Die Sonne
Eine Taschenlampe oder Schreibtischlampe ist die Sonne mit ihrem Schein.

Tag und Nacht
Der Raum wird etwas verdunkelt, dann werden die „Sonnenstrahlen“ auf die „Erde“ gerichtet, und die „Erde“ dreht sich langsam um ihre Erdachse. Jetzt können die Kinder ganz genau sehen und vergleichen, wann und wo auf ihrer „Erde“ Tag und Nacht ist. Diese Drehung der Erde also ist es, die den Wechsel von Helligkeit und Dunkelheit bewirkt, die es Tag und Nacht werden läßt und die die Sonne, aus der Sicht der Erdbewohner, erscheinen und wieder verschwinden läßt.

So, wie es dieses Modell zeigt, ist es in Wirklichkeit! Wir reden dann von einer Sonnenseite und Schattenseite der Erde. Was ein Schatten ist, das wissen die Kinder bereits (siehe Seite 78).

Die andere Seite

Eine Aufgabe für die Kinder: Wenn bei uns heller Tag ist, was ist dann auf der gegenüberliegenden Seite der Erdkugel?

Die Reise der Sonne

Melodie: Heinz Lemmermann
Text: Eva Rechlin
aus: Die Zugabe, Bd. 3
Rechte: Fidula-Verlag Boppard/Rhein und Salzburg

Wenn die Sonne ihre Strahlen
morgens durch das Fenster schießt,
daß sie deine Nase kitzelt,
bis du, halb im Schlaf noch, niest,
hat sie eine lange Reise
stets schon hinter sich gebracht,
die beginnt, wenn du noch schlummerst,
fern im Osten und bei Nacht.

Refrain: Lalala ...

Liegst du noch in schönsten Träumen,
fängt die Sonnenfahrt schon an,
langsam rollt sie über China
zur Türkei, zum Muselmann,
läßt die Mongolei im Rücken,
war in Rußland, in Tibet,
sah Arabien und Indien,
bis sie hier am Himmel steht.

Refrain: Lalala ...

Und gehst du am Abend schlafen,
reist sie weiter um die Welt,
klettert westwärts hinterm Walde,
hinterm Berge oder Feld,
flugs in einen andern Himmel,
den von Cuba und Peru
und weckt dort die Indianer,
und die niesen dann wie du.

Refrain: Lalala ...

Nachtleben im Garten

Was tagsüber im Garten passiert, das können die Kinder selbst beobachten:
Die Pflanzen neigen sich zur Sonne, die Schmetterlinge tanzen über den Blüten und suchen nach Nektar, die Vögel singen laut und zeigen damit ihr Revier an, und die Eidechse sonnt sich auf der Steinmauer.
Doch was ist in der Nacht, wenn die Kinder in ihren Betten liegen und schlafen? Das ist ein spannendes Thema. Erzählen Sie den Kindern mehr darüber. Oder haben Sie Lust und Spaß daran, an einem Sommerabend mit den älteren Kindern Ihrer Gruppe im Kindergarten zu bleiben und das Nachtleben im Garten zu erleben? Das wäre für die Kinder ein unvergeßliches Erlebnis!

Nachts ist alles anders

Die Sonne ist längst untergegangen, die Dämmerung ist da, breitet ihren grauen Schleier aus und läßt die bunten, leuchtenden Farben verschwinden und in Grautönen verblassen. Weil die Augen nicht mehr so viel sehen können, werden die Ohren wach: Immer mehr Geräusche sind zu hören, je dunkler es wird. Da gibt es ein Rascheln und Zirpen, vielleicht sogar ein Schnauben und Piepsen.
Wie aufregend ist das für die Kinder, und unmerklich rücken sie enger zusammen. Was ist los? Da, wo sie tagsüber spielen und rennen und sandeln und schaukeln, da ist jetzt alles fremd und anders.
Und wie stark plötzlich einige Pflanzen riechen, zum Beispiel der Phlox, das Geißblatt oder die Gemeine Nachtkerze. Wozu dieser lockende Geruch, wenn die Insekten, Schmetterlinge und Vögel nicht mehr da sind?
Aber flattert da nicht ein Schmetterling, huscht dort nicht etwas mit Flügeln vorbei? Jetzt haben sich auch die Augen an die Dunkelheit gewöhnt und können besser sehen. Der Mondschein oder der Schein der nächsten Straßenlampe hilft dabei.

Nachtschmetterling

Da gibt es die Nachtschmetterlinge, die erst aufwachen und munter werden, wenn es Nacht ist. Es sind zum Beispiel Lindenschwärmer, Holunderspanner, Rotes Ordensband oder Weinschwärmer. Sie sind richtige Schleckermäulchen und lieben süßen Nektar. Deshalb kann man sie mit einer Mischung aus altem Bier und Apfelsaft, auf einen kleinen Teller geträufelt, anlocken. (Mehr über Schmetterlinge siehe Band 2 „Luft", Seite 120).

Rummelplatz für Nachtschwärmer

Wollen die Kinder die Insekten genauer betrachten, dann können Sie mit ihnen diesen „Rummelplatz für Nachtschwärmer" aufbauen. Da kommen bestimmt viele Nachtfalter und Käfer angeflogen.
Ein weißes Tuch zwischen Büsche oder Bäume an einer Wäscheleine so aufspannen, daß es glatt herabhängt. Dann eine helle Schreibtischlampe aufstellen und den Lichtstrahl auf das weiße Tuch richten. Es dauert nicht lange, und große und kleine Insekten kommen angeflogen und setzen sich darauf.

Warum? Sie werden von dem künstlichen Licht irregeführt. Denn sie orientieren sich bei ihrem nächtlichen Flug nach dem Mondschein. Mit dem Kunstlicht, das heller als das Mondlicht ist, verlieren sie ihre Orientierung und flattern hilflos zum „falschen" Licht.
Übrigens: Naturschützer schalten das Licht auch wieder aus, damit die Nachtschwärmer weiterfliegen können.

Der Igel

Wenn es plötzlich im Garten raschelt, schlürft, schnüffelt und grunzt, dann ist der Igel da. Er stöbert unter Blättern, im Unterholz und zwischen Gräsern. Er sucht nach Schnecken, Würmern und Insekten, die er dann laut schmatzend verspeist. Einen Igel kann man mit der Taschenlampe anleuchten, er läßt sich nicht aus der Ruhe bringen. Vorausgesetzt, die Beobachter machen keine raschen Bewegungen oder plötzlichen Geräusche. Der Igel ist recht zutraulich. Nur bei Gefahr stellt er seine Stacheln und bleibt bewegungslos stehen oder rollt sich zusammen.
Igel mögen Obst sehr gerne. Und weil ein Igel jede Nacht seinen regelmäßigen Rundgang macht, kann man ihn mit ausgelegten Äpfel- und Birnenstückchen an eine Futterstelle gewöhnen.
Doch Naturschützer wissen: Igel vertragen keine Milch und keine Speisereste! Das lockt allenfalls Ratten und Mäuse an.

Der Mond

Die Mondkugel

Der Mond ist eine Kugel wie die Sonne und die Erde. Er ist unser nächster Nachbar im All.

Information für Schlaumeier:
Der Mond ist genau 384000 km von der Erde entfernt und umkreist die Erde in 27 1/3 Tagen. Die Mondkugel ist 50 mal kleiner als die Erdkugel. Vielleicht war der Mond früher einmal ein Teil der Erde. 1969 landeten zum ersten Mal Menschen auf dem Mond. Deshalb wissen wir genau, wie es auf dem Mond aussieht. Dort gibt es keine Luft, deshalb müssen die Astronauten auf dem Mond Raumanzüge mit Sauerstofftanks tragen.
Der Mond ist eine felsige Kugel mit vielen Bergen und Kratern, mit erloschenen Vulkanen und großen Mondmeeren ohne Wasser. Der Mondboden ist trocken und staubig. Dort, wo die Sonnenstrahlen direkt auf den Mondboden scheinen, ist es siedend heiß. Auf der Schattenseite des Mondes dagegen eisigkalt.
Auf dem Mond können keine Pflanzen und keine Tiere leben, denn es gibt weder Luft noch Wasser. Es ist dort auch ganz still, weil es keine Luft gibt, die den Schall der Geräusche weiterträgt.

TIP: Über Schall und Geräusche ist im 2. Band „Luft" auf Seite 30 mehr zu erfahren.

Schein und Wirklichkeit

Da lacht der Mond mit seinem runden Mondgesicht vom Nachthimmel zu uns herab und leuchtet mit seinem Schein auf die dunkle Welt.
Ja, so sehen wir von der Erde aus den Mond und es gibt viele Lieder, Geschichten und Gedichte darüber.
Doch in Wirklichkeit ist alles anders:
Der Mond hat kein Gesicht, dort wohnt weder der „Mann im Mond" noch der „Mondhase". Die Schatten, die wir im Mond sehen, sind Kraterlandschaften.
Der Mond kann auch nicht scheinen. Es ist die Sonne, die auf den Mond scheint, und der Mond wirft diese Sonnenstrahlen wie ein Spiegel zu uns auf die Erde.
Wenn wir auch genau wissen, wie der Mond wirklich aussieht, so können wir trotzdem mit unserer Phantasie im Mond ein Gesicht sehen, so wie wir zum Beispiel in Wolkengebilden phantasievolle Wolkenbilder erkennen. Und wenn es auch nicht der Mond ist, der nachts die Erde beleuchtet, so ist dennoch der Mondschein für uns ein wunderschönes und romantisches Licht am dunklen Nachthimmel. Traum und Wirklichkeit können nebeneinander bestehen.

Erde, Mond und Sonne

Mit diesem Spiel können Sie den Kindern erklären, warum der Mond am Himmel immer wieder anders aussieht.

Die Modelle
Die Sonne kann eine starke Taschenlampe, Schreibtischlampe oder ein Diaprojektor sein. Die Erde ist ein Ball (siehe Seite 117) oder ein Globus. Als Modell für den Mond ist eine silberne Christbaumkugel oder Rosenkugel passend.
Nun werden Sonne, Erde und Mond in richtiger Position zueinander aufgestellt. Die Kinder helfen mit und halten Erde und Mond fest.

TIP: Übrigens kann man den Mond auch immer wieder am Tage sehen. Doch da ist er blaß und weiß und wird kaum beachtet.

Die Mondreise
Jetzt kann die Mondreise beginnen: Die Mondkugel kreist langsam um die Erdkugel. Die Kinder suchen sich auf ihrer Erdkugel einen Standort aus und beobachten, wie von dort aus der Mond unterschiedlich zu sehen ist: Mal wird die linke Seite des Mondes beleuchtet, mal die rechte, mal strahlt die ganze Mondkugel hell auf und mal ist sie gar nicht zu sehen. So ist es auch in Wirklichkeit.

Der Mann im Mond

Melodie und Text: Klaus W. Hoffmann
Rechte: Aktive Musik Verlagsges. mbH, Dortmund

Die Oma bringt mich heute Abend ins Bett, und liest'ne Geschichte vor, vom Mann, da im Mond, und ich schaue hinaus, durch das Fenster zum Himmel empor.

Refrain:
Den Mann im Mond, den gibt es nicht,
und was so aussieht wie ,n Gesicht
sind Krater und Schluchten,
Berge und Buchten.
Der Mond
ist unbewohnt.

Ich stelle mir vor, daß ein Raumschiff mit mir in das Weltall hinausfliegen kann. Es startet mit lautem Getöse und findet zum Mond seine einsame Bahn.

Refrain: Den Mann im Mond...

Ich seh einen Lichtpunkt vorbeizieh'n – ein Funksatellit, der die Erde umkreist – und Wetterstationen mit neuen Daten und Forschungsergebnissen speist.

Refrain: Den Mann im Mond ...

Dann bin ich am Ziel meiner Reise und sehe den Mond schon ganz dicht unter mir.
Ich lande und schick einen Funkspruch nach Haus: Liebe Oma, ich bleibe noch hier!

Refrain: Den Mann im Mond ...

Sonne und Sterne

Viele Sonnen

Da staunen die Kinder, wenn sie davon hören:
Die Sterne, die abends am Himmel zu sehen sind, das sind auch Sonnen. Sie sind so groß wie unsere Sonne oder noch viel größer. Weil diese „Sonnen-Sterne" aber weit, weit entfernt sind, sehen sie so klein aus.
Die Sterne kann man nur nachts sehen, weil tagsüber die Sonne mit ihren Strahlen so hell leuchtet, daß das Flimmern und Schimmern der andern Sterne überstrahlt wird.
Doch die Sterne sind immer da, also auch tagsüber, wenn man sie nicht am Himmel erkennen kann.
Die Sterne scheinen zu blinken, wenn sie zu sehen sind. In Wirklichkeit aber leuchten sie immer gleichstark, wie die Sonne. Es liegt an der Luft, die die Erde umgibt, die aber ständig in Bewegung ist und so die Sterne flimmern und funkeln läßt.

Sternbilderbuch

Schon immer waren die Menschen von den Sternen fasziniert. Sie betrachteten den Sternenhimmel wie ein Bilderbuch. In Gedanken zogen sie Linien zwischen den Sternen und malten auf diese Weise Sternenbilder, denen sie Namen gaben. Da gibt es zum Beispiel den Großen Wagen und den Kleinen Wagen, dessen Deichselstern der Polarstern ist. Diese beiden Sternbilder können die Kinder leicht am Nachthimmel erkennen.

Kalender und Wegkarte

Die leuchtenden Punkte am Himmel waren für die Menschen früher ein Kalender, in dem sie nachschauen konnten, wann die Zeit zum Säen oder Ernten ist, wann die warme Sommerzeit beginnt oder wann der kalte Winter ins Land kommt.
Die Sterne waren für die Menschen auch Wegweiser und Wegkarte. Die Seefahrer blickten in den Sternenhimmel und wußten, wohin sie ihr Schiff lenken mußten, und die Wanderer schauten zu den Sternen empor, um ihre Wegstrecke danach auszurichten.
Es sind die stehenden und wandernden Sterne, die den Sternkundigen diese Auskunft gaben und heute noch geben.

Sternenreigen

Die Sterne wandern am Himmelszeit. So sieht es für uns Menschen aus, wenn wir den Nachthimmel anschauen. Wir sehen die Sterne im Verlauf einer Nacht, einer Woche, eines Monats oder eines Jahres am Himmel in gleichmäßigen Runden kreisen. Sie scheinen sich um einen Punkt zu drehen und in einem nie enden wollenden, immer wiederkehrenden Sternenreigen am Himmel zu tanzen.
Nur der Polarstern bleibt immer auf seinem Platz. Um ihn herum dreht sich der Sternenreigen.
Wieviel Sterne tanzen mit? Millionen und Milliarden! Wir können mit unseren Augen nur einen ganz kleinen Teil davon sehen.

Sonnen-Karussell

Die Erde umkreist die Sonne. Doch die Erde ist nicht die einzige Kugel, die um die Sonne ihre Runden dreht. Da gibt es noch acht andere große Kugeln, sie heißen Planeten, die mit dem Planet Erde um die Sonne kreisen. Sie haben alle einen Namen.
Größer als die Erde sind die Planeten Jupiter, er ist der größte, Saturn, Uranus und Neptun. Kleiner als die Erde sind die Planeten Venus, Mars, Merkur und Pluto, er ist der kleinste.
Alle neun Planeten drehen sich mit der Erde ständig um die Sonne. Sie brauchen dafür unterschiedlich lange. Auf allen Planeten gibt es Tag und Nacht, weil sie sich auch wie die Erde um sich selbst drehen.
Die Planeten Jupiter, Saturn, Uranus und Neptun bestehen aus Gasen und Flüssigkeiten und haben keinen festen Boden, auf dem man gehen könnte. Die Planeten Merkur, Venus und Mars bestehen wie die Erde aus Gestein und Gasen. Pluto, der Kleinste, besteht aus Gestein und Eis.

Wahrscheinlich aber ist nur auf unserem Planeten Erde ein Leben und eine Natur! Wir sollten diese wunderbare Natur schützen und bewahren und dafür sorgen, daß dieses vielfältige und einzigartige Leben erhalten bleibt.